与其把财富留给孩子，不如把孩子变成财富

穷孩子，富孩子

让孩子一生都能受益的30堂财富课

肖 华◎编著

外语教学与研究出版社
北京

图书在版编目（CIP）数据

穷孩子，富孩子：让孩子一生都能受益的30堂财富课 / 肖华编著. -- 北京：外语教学与研究出版社，2017.7

ISBN 978-7-5135-9333-5

Ⅰ. ①穷… Ⅱ. ①肖… Ⅲ. ①财务管理－青少年读物 Ⅳ. ①TS976.15-49

中国版本图书馆 CIP 数据核字（2017）第 188852 号

出 版 人　蔡剑峰
项目策划　刘　荣
责任编辑　刘　荣
封面设计　永诚天地
出版发行　外语教学与研究出版社
社　　址　北京市西三环北路 19 号（100089）
网　　址　http://www.fltrp.com
印　　刷　三河市北燕印装有限公司
开　　本　710×1000　1/16
印　　张　13.5
版　　次　2017 年 9 月第 1 版　2017 年 9 月第 1 次印刷
书　　号　ISBN 978-7-5135-9333-5
定　　价　29.80 元

购书咨询：（010）88819926　电子邮箱：club@fltrp.com
外研书店：https://waiyants.tmall.com
凡印刷、装订质量问题，请联系我社印制部
联系电话：（010）61207896　电子邮箱：zhijian@fltrp.com
凡侵权、盗版书籍线索，请联系我社法律事务部
举报电话：（010）88817519　电子邮箱：banquan@fltrp.com
法律顾问：立方律师事务所　刘旭东律师
　　　　　中咨律师事务所　殷　斌律师
物料号：293330001

与其把财富留给孩子，不如把孩子变成财富

随着社会的进步与发展，以及人们生活水平的提高，人们理财的热潮持续升温，股票、基金、房产、黄金、私募、期货、收藏鉴宝等一个个引人入胜的热点，点燃了人们沉睡多年的财富热情。富裕起来的中国和中国人民为理财的发展奠定了丰厚的物质基础，今后理财事业在中国将会有一个光辉灿烂的前程。

然而，在家庭教育领域中，亲子理财教育仍是一片空白。父母在教育孩子的过程中常常会遇到一些棘手的问题，诸如：

孩子乱花钱怎么办？

给孩子多少零花钱才合理？

如何培养孩子量入为出的理财习惯？

怎样才能更好地让孩子掌握理财必备技能？

……

这些问题需要引起父母的足够重视。毫不客气地说，不会理财的孩子，就不会有美好的未来。因此，父母与其把财富留给孩子，不如把孩子变成财富。

我个人是学财务管理专业的，从事过多年的理财工作，积累了不少实践经验。出于对教育事业的热爱，我开始从事青少年理财教育和心理咨询工作。在工作中我发现，很多父母对亲子理财教育无从下手。这种亲子教育理念和方法的缺失，使我萌生了编写本书的愿望。

此外，我看着自己的孩子也慢慢长大，也开始思考这样一个问题：如何在孩子成长的过程中教会他赚取财富、累积财富、保住财富、使用财富等方面的技能。这也是我想写作本书的初衷。

有了想法，就要落实。我用了两年多的时间，收集相关案例，整理相关材料。时间匆匆而过，我的书稿也是写了又停，停了又写，断断续续地写到现在。由于亲子理财教育目前还没有一个完整的系统，这方面的资料也相对较少，所以直到现在才算完稿。我想，这本书与其说是写给孩子的，不如说是写给父母的，父母通过阅读本书，把本书的理财理念逐步传递给孩子，当然年龄大一些的孩子也可以通过阅读来提升自己的理财能力。

父母进行亲子理财教育，要越早才越好。在孩童时期，父母根据孩子的成长特点来设计不同的理财内容，让理财的理念和技能在潜移默化中融入他们的头脑，将理财的实践融入他们的生活，这个过程是漫长的，靠的是日积月累，攒的是点点滴滴。对孩子来说，从认识金钱，到学会挣零花钱，学会储蓄和记账，最后能独立管理财富，一步步实现升华，这也需要长期的教育和实践。

本书作为一本父母指导孩子的亲子理财教育方法指导书，集合了了30堂生动的财富课，用生动有趣的事例、简单有效的方法，指导父母教会孩子理财，培养孩子一生都能够受益的理财能力，诸如对财富的管理能力和自控能力，懂得节俭与储蓄，学会珍惜与分享，等等。

让我们在孩子幼小的心里播下一粒财富的种子吧，这粒带着希望的种子，迟早会成为参天的财富之树。

目录

CONTENTS

第 3 篇　开启孩子的财富密码 ／ 85

财富密码是一个人创造财富的素养和能力，是幸福生活的源泉。一个人的财富密码一旦被打开，他将会拥有富裕的人生。家长只有开启孩子的财富密码，孩子才会有出色的“创富”能力，才会有精彩灿烂的人生。

第 4 篇　教会孩子理财必备技能 ／ 127

理财能力是一项非常重要的社会生存技能，不懂得理财的家庭，很难培养出善于创造财富的能人，最多培养出一个高收入的穷人。因此，父母必须从小培养孩子的理财能力。

影响孩子财商的因素不仅包括转变孩子的财富观念，培养孩子的理财技能和创富能力，还包括开发孩子的财商潜能。开发孩子的财商潜能，是父母培养孩子财商的重要教育内容。

帮孩子树立正确的金钱观

家庭教育离不开财商教育，没有财商就是“财盲”。家长如何帮助孩子树立正确的金钱观，端正孩子对金钱的正确认识，是财商教育绕不开的话题。本篇将介绍如下六个方面的具体内容：

第一，孩子树立正确的金钱观的价值和意义。

第二，教孩子理解金钱的内在涵义。

第三，教孩子抵御贪欲，拥有一颗“平常心”。

第四，要让孩子明白，“天下没有免费的午餐”。

第五，要让孩子深刻认识到，“金钱不是万能的”。

第六，勿把“价格”当“价值”，正确培养孩子的“金钱价值观”。

第1课

孩子树立正确的金钱观的价值和意义

孩子树立正确的金钱观的价值和意义在于：懂得珍惜，花钱要有节制，能理性地掌控金钱。从根本上说，就是为了孩子更加健康地积极地成长。

由于文化上的差异，中国的孩子以花钱为主，美国的孩子却能兼顾赚钱。中国父母常对孩子说："你考100分，我奖励你100元。"孩子拿到钱后，90%的钱都会被孩子花掉。由此可见，培养孩子正确的金钱观是一个引人深思的问题。有许多中国父母并不认同"要从小培养孩子的金钱观"，认为没必要让心灵纯洁的孩子也沾上"铜臭味"。实际上，从小培养孩子的理财意识与能力，对孩子的健康成长具有极其重要的价值和意义。

通货膨胀，货币贬值，股票下跌……这些客观事实都会对社会经济产生巨大的冲击，同时也冲击着广大父母的心灵。许多父母开始意识到，培养孩子的理财能力乃至培养孩子的财商，有着极其重要的价值和意义。

可是，更多的年轻父母们却充满担忧，他们开始质疑，并提出了一系列的疑问："这么小的孩子能听懂我们在说什么吗？""他们会懂得金钱的价值和意义吗？""如果从小给孩子灌输金钱观念，会不会让孩子一开始就把金钱看得过重，一不小心，还容易形成'金钱至上'的错误观念呢？"……

孩子对金钱的兴趣可以说是与生俱来的。早期的财商教育对孩子树立一个正确的金钱观，形成良好的理财习惯，掌握必备的理财技能，有着不可估量的作用。为什么全世界的犹太人都那么会赚钱？这与他们这个民族保留的财商教育传统有着密切的关系。

孩子没有树立正确的金钱观，就不会懂得金钱是通过付出辛勤的劳动得来的。他们想花钱就跟父母要，由此，他们就会认为，父母给他们钱花是天经地义的事情。他们只知道金钱是个好东西，可以换来自己想要的东西，但却不会懂得金钱来之不易，更体会不到生活的艰辛。时间一长，他们就会形成挥霍、浪费、没有节制的消费恶习，而且还会变得自私自利，没有感恩之心，当然也就不会孝顺父母。如果有一天，当父母不愿意给孩子零花钱时，孩子可能会产生怨恨的情绪，甚至还可能产生严重的后果，如撒谎、偷窃等。

因此，若想让孩子学会珍惜生活，珍惜父母的劳动成果，父母需要尽早让孩子体验生活，并树立正确的金钱观。父母要让孩子懂得：花钱要有节制，要合理消费；要学会做金钱的主人，理性地掌控金钱。这样，孩子就不会染上不良嗜好。这对培养孩子的品格培养也是大有好处的。树立孩子正确的金钱观，从根本上说，就是为了让孩子更加健康地积极地成长。那么，父母应该怎样帮孩子树立正确的金钱观呢？首当其冲的就是：父母要让孩子接触金钱，指导

孩子客观地正确地认识金钱。

"金钱意味着什么?"很多父母面对这个十分关键的问题，往往想得很简单，毕竟这对他们来说，根本就不是什么问题。然而，这个问题对孩子来说却是十分重要的，因为能否弄明白这个问题，将直接关系到孩子拥有什么样的金钱观。当然，有一些父母知道，这个问题很重要，只是他们觉得，孩子在日常生活的体验中，在耳濡目染之下，就能够自觉地建立起正确的金钱观。但实际上，这是不可能的。言传和身教同等重要，偏重任何一方都不行。

所以，很多东西是需要父母教给孩子的。尤其是在理财方面，父母要主动地帮助孩子认识金钱，并教会孩子如何使用金钱，同时让他们知道大人是如何挣钱的。可以说，让孩子拥有正确的金钱观，是家庭教育中非常重要的一环。因为孩子的财商如何，关系到他将来的生活是富裕还是贫穷，是捐款者还是被捐助的对象，是财务稳健还是靠救济生活。这也恰如一位美国教育家所说那样："教会孩子理想地使用金钱，归根结底是为了教他成为一个有理想的人。"不管孩子的理想是什么，帮助孩子树立正确的金钱观是父母最应该做的重要事情之一，否则一切都将无从谈起。

第2课

教孩子理解金钱的内在涵义

金钱是人们通过辛苦劳动而获得的报酬，是财富的象征。父母教孩子正确理解并接受金钱，应从认识钱币开始。同时，父母也要结合生活实际，教孩子懂得取舍。

在许多父母看来，过早接触金钱的孩子是不会有什么出息的，因为这样的孩子容易被金钱所惑。很多孩子确实为了金钱，要么耽误了学业，由聪明之人转变成了平庸之人；要么抵挡不住金钱的诱惑，最终走向犯罪的道路，将自己的大好前程白白地断送掉。现实生活中出现众多的活生生的案例，也让大多数父母“视金钱如洪水或猛兽”。

但是，如果我们只看到“金钱对孩子的心灵有腐蚀作用”的一面，那就把问题表面化了。其实，孩子为了金钱而犯错，不是他自己的问题，更不是金钱的问题，而是父母的教育方法出了问题。因为，父母从来没有告诉过孩子金钱是什么，它的作用有哪些，有了金钱意味着什么。父母即便告诉了他，也往往会把问题极端化。他们要么告诉孩子，金钱不是什么好东西；要么告诉孩子，金钱无所不能。这样一来，孩子对金钱的理解自然就会出现偏差。一旦孩子的金钱观出了问题，他的行动自然就会有问题。所以，要想让孩子不会因为金钱而变坏，父母首先要做的就是：帮孩子树立正确的金钱观。

父母要想让孩子拥有正确的金钱观，首先要让孩子认识钱币。我们试想，孩子要是连钱币都不认识，又哪来的金钱观呢？教孩子认识钱币，也是要分阶段的。一般而言，孩子从三岁左右开始，父母就要有意识地教会他认识钱币。父母可以通过游戏的方式，让孩子对钱币有一个直观的认识，并教会孩子如何区分钱币的面值，比如：一元等于十角，一角等于十分，等等。等孩子稍大一些后，父母就可以带着他一起出去购物，并和他讨论所购物品的价格。

我们谈到带孩子出去购物，几乎所有的父母都会遇到一个同样的问题，那就是：只要带着孩子一起去购物，孩子看上了自己喜欢的东西，既不管这个东西需要多少钱，也不顾父母身上带了多少钱，就是闹着要买。这个时候，如果父母这一次满足了他的要求，那么下一次他还会这样做，继续闹着要买。如果父母当时不能满足他的愿望，那么他就会抱怨、生气，甚至赖在那里不走。如果父母强行把他拉走，他就会哭闹半天，甚至在地上打滚，弄得父母一点儿办法都没有。

因此，为避免类似的情况发生，父母在带孩子出门之前，最好先和孩子讲好“条件”，比如：父母只给他买一件他最需要的东西，或者这次出去只买家庭生活用品，其他东西都不买。父母可以这样告诉孩子：“宝贝，咱们手上的钱不够用了，今天只买一件你最想要的东西，好不好？”这样，孩子在购物的过程中，就会仔细考虑他最想买的东西，而不是一见到喜欢的东西就闹着要买。

此外，在购物的过程中，面对孩子的过分要求，父母即使买得起，也应该坚持原则，对孩子说“不”。这样一来，孩子会明白这样一个道理：不是自己想要什么，就能得到什么。时间一长，孩子就会懂得节制自己的欲望，并学会适度消费。

当孩子长到七八岁时，他基本上就会懂得行为与结果之间的关系，并开始自己做一些决定了。这个时候，父母可以开始适当地给孩子一些零花钱。当然，父母需要注意的是：给孩子零花钱的目的，并不是为了让孩子向别人炫耀自己的家庭多么有钱，或者让他在朋友面前有面子，而是为了让孩子学会如何管理和使用这些零花钱。当孩子手里拿着数量有限的零花钱时，他才能思考如何花钱，并学会取舍。他会逐渐认识到，“钱从哪里来，又能做什么用”。

当然，培养孩子正确的金钱观，不但可以帮助他养成勤俭节约的好习惯，而且可以帮助他树立远大的理想，同时还可以培养他的爱心。

小丹从小养成了大手大脚花钱的毛病，只要是自己喜欢的东西，就一定要收入囊中，无论大人怎么劝都没用。好几次在商场里，小丹为了一个洋娃娃或一件小玩具，不是跺脚就是大哭，惹得众人围观。

每天上学前，小丹都会向我要几块零花钱，并振振有词地跟我说：“学校门口有好多卖零食的小摊，别的同学

都买，我不能不买！”

那些垃圾食品，孩子怎么能天天吃呢？可是，无论我怎么说，小丹就是不听。我不给她钱，她就不肯去上学。

这让我很恼火！小丹都上小学三年级了，怎么还这么不懂事呢？为了改掉她的这个坏毛病，我跟她说过大人挣钱的难处，也跟她说过理性消费的重要性。我曾经骂过她很多次，甚至打过她，但收效甚微。

直到有一天，我带她去看望奶奶，奶奶给了她50元钱。以前，遇到这种情况，我都会没收，但是那天小丹当着奶奶的面，跟我说：“妈妈，这钱我自己花行吗？”我除了有些尴尬地点头，还能说什么呢？

原本以为，小丹得到这50元钱，肯定会买一大堆东西回家。我没想到，一周后，那50元钱居然还装在小丹的口袋里。

我有些纳闷，就问她：“你为什么不花这50元钱啊？”

小丹说：“我就这么点钱，不能乱花！”

我简直不敢相信自己的耳朵，怀疑自己听错了，这可不像小丹往日的风格。然而，我再一想就明白了，因为这是小丹的第一笔“私有财产”，所以她很珍惜。

我明白了这一点，就决定大胆放权，让小丹自己去理财。

我对小丹说：“我每个月给你100元零花钱，以后，学习用具、玩具、零食等东西我就不给你买了，你自己想怎么买就怎么买。如果钱不够，就等到下个月有钱了再买。如果有节余，你就自己存起来。你觉得这个办法怎么样?”

小丹一想到有那么大一笔钱，立刻来了精神，伸出小拇指，一边和我拉钩，一边说道：“一言为定，你不许反悔!”

“我才不会反悔呢！以前她每个月的零花钱都在200元左右，如果100元能搞定，我就赚大了!”我心想。

我说话算话。月初，我就把100元钱递到了小丹的手中，并给她买了一个可爱的小钱包，方便她打理自己的“小金库”。

小丹拿着小钱包，笑得比阳光还灿烂。可是不到月底，她就开始哭丧着脸，因为100元钱已经所剩无几了。

小丹沮丧地跟我说：“我已经很省了，为什么我的钱还是不够用呢?”

这也是我关心的问题。于是，在我的帮助下，小丹把这个月买的东西一一列了出来：笔芯一盒12元，毽子三个6元，跳绳两根4元，洋娃娃40元，零食30元……

东西列出来了，我让她拿起笔，划掉那些可以不买的东西。小丹毫不犹豫地划掉了洋娃娃，因为那个娃娃买回来，她就玩了一次。

我让小丹继续精减，小丹考虑了一会儿，划掉了两个毽子，一根跳绳，又划掉了10元钱零食。

这样一来，小丹的花费一下子就减少了很多。在她懊恼之际，我在旁边点拨她说：“下个月买东西时咱们可

要注意了，可要可不要的东西咱们都不要买。”小丹频频点头。

第二个月，小丹果然坚持到了月末，花了不到100元钱。

但是，小丹依然很沮丧地跟我说：“妈妈，我怎么一点儿节余都没有啊?”

“在必须买的那些东西里面，你有没有想过怎么做才能买到最划算的东西呢?”我开导她。女儿摇头，一片茫然。

第三个月，在小丹的邀请下，我开始为她如何使用零花钱出谋划策。比如买零食，不要到小摊上单买，而是到超市里买一整袋；如果要买本子，我也是建议她一次买十本，可以管好几个月呢！买这些东西时，我还建议她要学会货比三家。

在我的指导下，小丹的零花钱终于有了一点儿小小的节余。小丹像捧着宝贝一样，把那些钱装进了钱包里。

在小丹取得了一些成功之后，我决定让她管更多的钱。过年时的压岁钱，我一分不要，全让她自己拿着。她参加比赛获了奖，奖金也全部归她自己管。

小丹的钱慢慢地越积越多，但是，光做个守财奴可不行。学校组织捐款活动，我让她拿出一部分钱来献爱心；她考试取得好成绩，我建议她用自己的钱来买个小礼物，犒劳一下自己；我还帮她开了一个账户，让她学会存钱、取钱，学会计算利息。

一段时间下来，小丹不但改掉了乱花钱的毛病，还慢慢有了理财的意识。在我过生日时，她用自己的钱给我买了一个大大的蛋糕，把我感动得热泪盈眶。

小丹在妈妈的帮助下，一改往日的作风，学习管理自己的“私有财产”，并取得了非常大的进步。小丹不仅克服了乱花钱的毛病，而且养成了勤俭节约的品质，拥有感恩之心。

从这个案例中，我们不难得出这样的启示：孩子虽然还很小，但只要拥有正确的金钱观，他的身上就会产生一种积极向上的正能量。让孩子学会自己理财，不但能帮助他建立起正确的金钱观，还能让他变得更体贴、更懂事。

二战时期，美国总统富兰克林·罗斯福在一次演讲中，曾这样说：“我要感谢我的母亲，是她让我明白，金钱是来之不易的。由此，我懂得了珍惜与尊重，我从此开始尝试去珍惜和尊重生命中的每一个人，认真对待每一件事。从9岁那年到58岁的今天（1940年），我一直如此！”由此可见，母亲的教育，对他的影响将是一生的。当他日后回顾起这段经历时，他对自己的母亲产生了深深的感激之情。

父母可以采取“三步走”的方式，让孩子正确理解金钱的内在涵义。

第一步，让孩子认识钱币。

父母要让孩子认识钱币，可以从认识硬币开始。父母也可以根据孩子数学能力的发展情况逐渐加强对5元、10元等纸币的认识。

父母不仅要让孩子知道钱币的面值，而且还要结合生活实际，

让孩子知道它们所代表的实际价值。比如：在乘公共汽车的时候，父母可以让孩子去投币箱投币；父母也可以领着孩子去逛超市，让孩子帮着付钱，孩子就会知道，不同面值的钱可以买到各种不同的东西。

第二步，要让孩子明白，钱是从哪里来的。

父母可以这样对孩子说："钱是人们通过辛苦劳动挣来的，自己家里的钱是爸爸妈妈辛苦挣来的。等你长大后学会了挣钱的本领，你也可以靠劳动来挣钱。别人的钱也是他们辛苦劳动的成果，他们也需要用自己挣来的钱去买他们生活所需的物品。所以，随便拿别人的钱是不应该的。"

如果孩子从别人那里拿回一元钱的硬币，经过父母教育后孩子逐渐认识到，从别人那里拿回一元钱是错误的行为。父母可以陪同孩子一起把钱还给别人并向人家道歉。父母千万不要因为别人不会在乎这一元钱而不让孩子去还钱，毕竟这涉及孩子的诚实品质的培养。知错就改的孩子依然是好孩子。

父母如果担心因此而伤到孩子的自尊心，可以事先和别人沟通好，并解释清楚："孩子是因为不懂钱的由来，是在尚未完全建立所有权概念的情况下拿了钱，所以请您在孩子登门道歉的时候避免使用'偷'和'窃'等词语，希望能以宽容的态度原谅孩子。"

第三步，结合生活实际，教孩子懂得取舍。

孩子认识了钱币，已经懂得"钱"与"物"之间的关系后，父母可以进一步让孩子明白这样一个道理：花钱要合理，而且必须在自己的支付能力范围内。

父母可以这样跟孩子说清楚："因为现在家里的钱不多，所以需要的东西咱们才买，可买可不买的东西咱们先不买，要省着一点儿花。"当然，如此说教，孩子不一定会接受。父母可以在平时买东西的时候带着孩子，让他在实际生活中体会这个道理。

总之，父母在对孩子进行理财教育的过程中，最重要也是最有效的一项，就是让孩子进行实践，即通过各种形式的活动，让孩子真正理解金钱的内在涵义，明白金钱来之不易，懂得金钱的真正价值，从而树立起正确的金钱观。

第3课 抵制贪欲，拥有一颗“平常心”

尼采曾经说过：“人最终喜爱的是自己的欲望，而不是自己想要的东西。”人们追求的东西，往往不是自己需要的，而是欲望驱使的结果。因此，如何正确看待金钱，抵制贪欲，是人生的一大课题。

每个人来到这个世界上，都是为了实现自己的理想，过上更幸福、更美好的生活。财富是幸福生活的基本保障，但它只是让人们的生活变得更美好的工具之一。父母只有教会孩子正确看待金钱，拥有一颗“平常心”，才能让孩子在生活中变得镇定自若，从容不迫。

下面这个故事，很好地阐释了金钱与快乐之间的关系，父母可以讲给孩子听，让孩子明白“有钱未必快乐”的道理。

从前，有一对靠捡破烂为生的夫妻，他们每天一早出门，拖着一辆破车到处捡拾破铜烂铁，等到太阳下山时才回家。他们回到家吃完晚饭，就在院子里摆上一盆水，搬一张凳子坐下，并把双脚浸在水中，然后拉弦唱歌，唱到月正当空的时候他们才进房睡觉。就这样，他们的日子过得逍遥而自在。

他们家的对面住了一位很有钱的富翁。他每天都坐在桌前打算盘，算算哪家的租金还没收，哪家还欠账，日子过得并不舒心。他看到对面的夫妻每天都快快乐乐地出门，晚上开开心心地唱歌，非常羡慕，同时也非常好奇，于是他问侍者："为什么我这么有钱都不快乐，而对面那对穷夫妻却过得如此快乐呢？"

侍者听了就问富翁："主人，您想让他们变得忧愁吗？"富翁回答道："我看他们是不会有忧愁的。"侍者说："只要你给我一贯钱，我把钱送到他们家，保证他们明天不会拉弦唱歌。"

富翁果真把钱交给了侍者，侍者把钱送到了穷人的家里。这对夫妻拿到钱，那天晚上竟然睡不着觉了。他们想把钱放在家中，门又没法儿关严；他们想藏在墙里面，墙用手一扒就会开；他们想把钱放在枕头下，又怕丢……总之，他们一整晚都在为这贯钱操心，一会儿躺上床，一会儿又爬起来，整夜就这样反复折腾，无法入眠。

妻子看丈夫坐立不安，被惹烦了，就说："现在你已经有钱了，你在烦恼什么呢？"丈夫说："有了这些钱，我们该怎样处理呢？把钱放在家中又怕丢了。现在，我心中全都是烦恼。"

隔天一早丈夫把钱带出门，在整条街绕来绕去，不知

要做什么才好。他绕到太阳下山了，月亮上来了，最后又把钱带回家，还是不知如何是好——想做小生意不甘愿，要做大买卖钱又不够。他跟妻子说："这些钱说少也不少，说多又做不了大生意，真是伤脑筋啊！"

那天晚上富翁站在对面，果然听不到拉弦唱歌的声音了。第三天一早，夫妻二人来找侍者还钱。这对夫妻说："我们还是把钱还给你好了。我们宁可每天一大早出去捡破烂，也比有了这些钱轻松啊！"

这时候富翁恍然大悟，原来，有钱了就会害怕失去，这也是一种负担啊！

有了金钱就会过得快乐吗？故事中的那对夫妻因为多了一些金钱而苦恼。金钱不应该是一种负担，它的存在，应该是为了帮助人们更好地享受生活，而不是让人担惊受怕的。

我们再来看拉尔斯的故事，他对金钱的豁达态度能给孩子们更多的启发。

拉尔斯是一个很不错的犹太画家。不过很可惜，没人愿意买他的画。他想到自己的境遇时会有点儿伤感，但片刻之后他就能够调整好心态。

"买足球彩票吧！"他的朋友劝他，对他说，"只花两元便可赢很多钱！"于是，拉尔斯花两元钱买了一张彩票，并且真的中了大奖——他一下拥有了500万元。

"你瞧！"他的朋友对他说，"你真走运啊！现在你还经常画画吗?”

“我现在只画支票上的数字!”拉尔斯笑道。

拉尔斯买了一幢别墅，并对它进行装饰。他很有品位，买了许多好东西：阿富汗地毯、维也纳橱柜、佛罗伦萨小桌、迈森瓷器，还有古老的威尼斯吊灯……拉尔斯很满足地坐了下来，点燃一支香烟静静地享受着他的幸福。

突然，他感到好孤单，便想去看看朋友。他把烟头往地上一扔，然后就出去了。燃烧着的烟头躺在地上，躺在华丽的阿富汗地毯上……

一个小时以后，他的别墅变成一片火海，全被烧没了。朋友们很快就听说了这个消息，都来安慰拉尔斯。

“拉尔斯，你真是不幸呀!”他们说。

“怎么不幸了?”拉尔斯问道。

“损失呀！拉尔斯，你现在什么都没有了。”

“什么呀？我不过是损失了两元钱而已。”拉尔斯回答说。

你瞧，“不过是损失了两元钱而已”，拉尔斯的表现多么淡定。金钱虽然重要，但不是一切。金钱只是让我们的生活变得更美好的工具，但不是全部。拉尔斯最后失去了他刚买的别墅，但他乐观豁达的生活态度值得我们每个人学习。

父母除了要教会孩子正确看待金钱，还要教会孩子抵制贪欲。我们来看下面的故事，贪婪的乞丐最终因为自己的贪婪而变得依然一无所有。

有一个富翁牵着狗在公园里散步，结果不小心把狗弄丢了。富翁非常喜欢这只狗，于是就在电视台发了一则寻狗启事："有狗丢失，归还者可得酬金一万元。"一张小狗的彩照充满了大半个屏幕。

寻狗启事发出后，送狗者络绎不绝，但他们的狗都不是富翁家的狗。

富翁太太说："肯定是真正捡到狗的人嫌钱给得太少，不肯送还，那毕竟是一只纯正的爱尔兰名犬啊！"于是，富翁把酬金改为两万元。

原来，是一个乞丐在公园的躺椅上打盹醒来时捡到了那只狗。但是，乞丐并没有及时看到富翁发的第一则寻狗启事。当他知道送还这只小狗可以拿到两万元的酬金时，他兴奋极了，因为他这辈子也没有交过这种好运。他自言自语道："有了这些钱，我以后再也不用流浪街头了。"

第二天，乞丐一大早便抱着狗，准备去领那两万元的酬金。他幻想着自己住在舒适的房子里，先安安稳稳地睡上一觉，然后再想想自己应该做点儿小生意，幸福地过完后半辈子。

他边走边想，当他经过一家大百货公司的大门口时，他在屏幕上又看到了那则寻狗启事，赏金现在已经变成了三万元。

乞丐想："这赏金增长的速度倒是挺快的，这只狗到底能值多少钱呢？"

于是，他改变了主意，又折回他的破窑洞，把狗重新拴在那儿。

第四天，悬赏金额果然又涨了。在接下来的几天时间里，乞丐没有离开过大屏幕，当酬金涨到让全城的市民都感到惊讶时，乞丐返回他的窑洞，决定把狗送还给它的主人。

然而，令乞丐伤心的是，那只狗已经死了，他的所有梦想都破灭了。因为这只狗平日里在富翁家里吃的都是山珍海味，而它对这个乞丐从垃圾桶里捡来的食物根本接受不了。结果，那只狗就这样被活生生地饿死了。

看完这个故事，或许我们会嘲笑那个乞丐，他真是太傻了，也太贪婪了。如果他看到那则“寻狗启事”后，立即就把那只小狗送还给它的主人，他就能够顺利地得到酬金，但他的贪欲却使他到头来“竹篮打水一场空”。

然而，我们每个人扪心自问一下，自己内心的想法和那个贪婪的乞丐又有什么分别呢？德国著名的哲学家尼采曾经说过：“人最终喜爱的是自己的欲望，而不是自己想要的东西。”的确是这样，在现实的生活中，人们追求的东西，往往并不是自己需要的，而是欲望驱使的结果。大人如此，小孩当然也是这样了。

现在，很多孩子从上小学开始就学会了攀比。比如，某个孩子看到别的小朋友穿上了旱冰鞋，也闹着要爸爸妈妈给自己买一双；在绘画课上，很多孩子比的并不是自己的绘画水平，而是炫耀自己的画板与彩笔有多漂亮，他们总是会说：“我的画板是名

牌!”“我的彩笔是超市里最贵的!”“我的画笔是妈妈从美国买回来的!”……他们这些攀比之风，如果得不到有效遏制，最后往往就会转变成为一种贪欲。而孩子的贪欲一旦养成，就会使他坠入欲望的深渊而无法自拔，父母也会被孩子弄得束手无策，焦头烂额。

那么，父母应该怎样帮助孩子抵制贪欲呢?“棉花糖实验”或许能给大家一些启发。

很早以前，美国的斯坦福大学曾经进行过一个著名的“棉花糖实验”。研究者找来十几个三四岁的孩子，先把他们带到一个屋子里，然后给他们每人分发了一块非常好吃的棉花糖，并告诉他们：“大人要离开屋子半个小时，在这半小时之内，如果哪个孩子没有把自己手里的棉花糖吃掉，那么大人回来之后，还会再给他一块棉花糖。”结果，大人刚刚走出屋子，很多孩子就迫不及待地把自己手里的棉花糖吃掉了，只有极少部分的孩子抵挡住了棉花糖的诱惑，没有在半个小时之内把那块棉花糖吃掉，并获得了另一块作为奖励的棉花糖。

然而，实验并未就此结束，研究者又对这些孩子进行了长年的跟踪调查。结果发现：当初那些在半个小时之内把棉花糖吃掉的孩子长大以后，他们的表现大多数都很平庸；而那些可以忍着不把棉花糖吃掉的孩子，在他们长大之后，大多数都成了成功人士。

这个实验实际上告诉我们：只有那些抵挡住了诱惑的孩子，他们长大后才会更有出息。然而，现实的情况是：大多数孩子是抵制不了外边的诱惑的，只有极少数孩子能够做到这一点。但是，我们应该知道，大人完全可以通过训练来帮助孩子，为了长远的目标去抵制眼前的诱惑。

我们每个人都有自己的欲望，也都有面对诱惑的时候。而我们要教会孩子的是：当眼前的诱惑与长远的目标发生冲突时，孩子必须学会果断地拒绝眼前的诱惑，自觉抵制自己的欲望。当然，父母的这种良苦用心，孩子未必能够理解。这个时候，父母教育的方法和技巧就派上用场了。

四岁的小橙特别喜欢飞机模型。虽然家里已经有了各种各样的飞机模型，这些模型甚至已经堆满了他的小卧室，但是他每次跟着父母出门购物时，只要看到商店里有飞机模型，还是忍不住要买。如果父母不给他买，他还会用命令式的口吻对他们说："我就喜欢这个，你们必须给我买！"

面对小橙的无理要求以及他所显露出来的霸道的语气，他的爸爸并不恼火，而是用商量的口吻对他说："宝贝，爸爸跟你一样，很喜欢这个飞机模型，也很想给你买，但爸爸这个月的工资还没有发，咱们先等一等，等工资发了再来买好吗？"

妈妈也装出一副可怜的样子，对他说："妈妈挣钱也很辛苦，每天下班回家，都累得走不动路了。你要是真的

疼妈妈，咱们就先不买这个飞机，你说好不好？”

就这样，在父母的引导下，经过一段时间，小橙终于变得越来越乖，能够抵制眼前的诱惑了。

通过这个案例，我们不难看出，父母在教育孩子时如果学会变通，灵活运用各种方法，一般都能够达到预期的效果。一般而言，处于幼儿时期的孩子在面对眼前的诱惑时，他的克制能力是比较弱的。所以，面对孩子的一些无理要求，父母其实用不着大动肝火，直接拒绝，甚至对其训斥。父母只要适当引导，将他的注意力转移到其他的地方就可以了。

第4课 要让孩子明白，“天下没有免费的午餐”

“天下没有免费的午餐”是理财教育的出发点。父母要让孩子懂得，“免费”未必是件好事，“免费”的背后常常是陷阱。

我们先来看下面这个非常形象的例子，即美国爸爸和中国爸爸在对孩子进行财商教育时的不同态度。

有个美国孩子问他的富爸爸：“我们家有钱吗？”他的爸爸这样回答他：“我有钱，你没有。我的钱是我自己努力奋斗得来的，将来你也可以通过自己的努力获得金钱。”

也有个中国孩子问他的富爸爸：“我们家有钱吗？”他的爸爸回答他：“我们家有很多钱，这些钱都是你的。”

这或许就是中美两国的父母在财商教育上的差距。美国的父母教育自己的孩子学会独立，要他们通过自己的努力获得金钱。中国

的父母则不同，他们为了子孙后代，省吃俭用，努力为自己的孩子积累财富。

下面这则故事同样能给我们一些启发，即“天下没有免费的午餐”。

从前，有一位爱民如子的国王，深得百姓爱戴。他在位期间，一直兢兢业业，带领着他的臣民不断开拓创新，终于使整个国家逐渐繁荣昌盛起来，百姓丰衣足食，安居乐业。后来，国王渐渐老了，而深谋远虑的他希望在自己死后，国家仍然能够保持富强，百姓仍然能够继续过着幸福的日子。于是，他便召集了一批国内最著名的学者，命令他们根据自古以来的经验，总结出能够确保百姓生活幸福的“黄金法则”。

这些学识渊博的学者们接受了国王的命令后，便开始刻苦钻研。他们查阅了大量的资料，终于在三个月之后，把三本六寸厚的帛书献给了国王。他们对国王说：“尊敬的国王陛下，天下所有的知识都已经汇集在这三本书里了。只要百姓们把这些书读完，就能够确保他们生活无忧了。”

国王看了看这三大本厚厚的书，先是肯定了学者们付出的努力，并告诉他们，普通百姓根本没有那么多的时间把这几本厚书读完。所以，为了能够让普通百姓理解这些知识和法则，学者们还要继续钻研，继续精简。

于是，学者们又开始了夜以继日的钻研工作，对那些数据进行精简。两个月之后，学者们终于把那三本厚厚的书精简成了一本书，并呈到国王的面前。但是，国王看了看，还是不太满意，又让学者们拿回去继续精简。

又过了一个月，学者们这一次只把一张纸条呈给国王，国王只看了一眼，便非常满意地说：“太好了，只要我的百姓日后都能够奉行这条宝贵的法则，我相信他们一定能够继续过上幸福而富足的生活。”随后国王便下令，对这批学者进行重赏。

原来，这张纸上只写了一句话——“天下没有免费的午餐”。

“天下没有免费的午餐”，这的确是一句充满智慧的哲语。我们对孩子进行理财教育，更应该以此为出发点，让孩子牢牢记住“天下没有免费的午餐”这个法则。

在美国，睿智的父母在孩子第一次出远门时，总会给他们讲一个故事，然后用一句话结尾，这句话就是“There's no such thing as a free lunch.”。翻译过来，意思就是“天下没有免费的午餐”。中西方文化在这点上表现出惊人的一致性。然而，在理财教育方面，我们却没有好好正视彼此之间的差距。

在美国，家庭教育一般是以培养孩子的独立意识，能够让其成为自食其力的人为出发点的。比如，美国的孩子从小睡小床，稍大一点儿以后单独住一个房间。我们很少听说过，他们的孩子要与父母睡在一起。在孩子的日常事务上，父母只帮孩子做一些他在当时还无法做到的事情。凡是孩子力所能及的事情，都尽量由孩子自己

去完成。他们就这样自小培养孩子的自主意识和独立意识。

美国的父母也很少给孩子多余的钱。他们认为，父母的钱财不是留给孩子们的。孩子想要变得富有，需要靠自己劳动，自己奋斗。而美国的孩子也很独立，从小就养成了“花父母的钱是耻辱的，自己挣钱才光荣”的观念。他们小小年纪便会擦汽车、扫院子、送报纸，干自己力所能及的活。在美国，十八岁以上的青少年，绝大多数都是靠自己挣钱来完成学业的。他们的父母会为此而自豪，他们自己也都成了社会中拥有“自我”的一分子。

但是在中国的一些家庭中，我们看到的则是另外一种情形：父母苦口婆心，孩子却毫不领情——他们很难理解父母的良苦用心。父母为了孩子的成长费尽心力，孩子到头来仍是靠着父母生活。孩子从幼儿期到十八岁成年，甚至更长的时间，需要依靠父母生活，这是某些中国家庭的典型状态。

中国的家庭教育，主要是“教”与“学”层面上的教育。父母教来教去，可能会忽视孩子自我学习、自我适应的能力的培养。父母要有意识地培养孩子的“自立”精神，才是家庭教育的重点。

在动物世界里，老虎“妈妈”往往把刚出生不久的小老虎赶出“家”门，让它们自己接受环境的挑战，培养自立能力，学习生存技巧。在西方的一些发达国家，父母会把自立能力的培养当成培养孩子最重要的内容。

高尔基曾经说过：“爱儿女，这是母鸡都会做的事，可是教育他们，却是我们国家伟大的事业。”在儿女的教育问题上，我们从孩子成长的角度向父母建议：从小培养孩子的独立意识，使他们具有独立精神，才是给孩子一生最大的爱。

沙拉是一个单亲妈妈，曾先后结过三次婚，离过三次婚，而且有三个优秀的孩子。作为单亲妈妈，她始终非常注重孩子的理财教育，并最终将这三个孩子培养成为有担当、有谋略的社会精英。有一次，沙拉在接受采访时，讲述了自己教育孩子的一段经历。

二十世纪九十年代初，我带着三个孩子回到以色列。当时，生活条件非常艰辛，我每天去街头卖春卷，靠着这个生意来养活孩子。我每天还要按时接送孩子，洗衣、做饭、收拾家务，忙得团团转。后来，有一位大婶看不下去了，对我说："在犹太家庭的观念中，从来就没有免费的食物与照料。每个孩子只有学会赚钱，才能获得他们所需要的一切。"大婶的话提醒了我，虽然我觉得这种教育手段有些残酷，但为了孩子，我还是决定实施我的计划。

于是，我开始安排三个孩子干家务活，并按劳动发放报酬。如果哪个孩子不愿意做属于自己的那份家务活，他可以请别人来做，但必须付给别人相应的报酬。我还安排孩子们轮流出去卖春卷，做春卷的孩子要凌晨三四点起床，但不用到街上叫卖。到街上叫卖的孩子，早上六点起床就可以。几个孩子对我的这种安排，表示愿意接受，而且还有两个孩子主动要求去附近的菜市场摆摊。为了能够和市场管理员谈判，两个孩子还在家里先进行彩排，一个充当摊主，一个充当市场管理员，我充当裁判。他们将谈判的每个细节以及可能出现的问题和处理方法，都事先想

到了。结果，两个孩子与市场管理员的谈判进行得很顺利。让我没想到的是，经过这些之后，孩子们越来越享受与别人打交道的乐趣，并学会了向其他的摊主推销自己的春卷。

沙拉作为一个单亲妈妈，养育三个孩子已经非常不容易了。她之所以能把孩子培养成材，是因为她让孩子明白了这样一个道理——“天下没有免费的午餐”。所以，她的孩子在很小的时候，就懂得要通过自己的努力去获取正当的报酬。她的这种教育理念值得我们学习和借鉴。

其实，人的一生，就是一个不断创造的一生，当然也包括创造财富。创造财富不是指不停地赚钱、花钱，而是要让金钱“流动”起来，将金钱的作用发挥到极致。这离不开勤劳的双手和聪慧的头脑，更需要建立在正确的价值观的基础之上。

父母还要让孩子明白，“免费”未必是件好事。父母可以给孩子讲下面的故事，让孩子明白“免费”的背后处处都有陷阱，甚至会以生命为代价。

有一家农户，圈养了几头野猪。一天，主人忘记关猪圈的门，便给了那几头野猪逃跑的机会。逃跑的野猪在外生存久了，性子变得更野，经常损坏村里的庄稼，村民们苦不堪言。经过几代繁衍后的野猪变得越来越凶悍，并开始威胁当地的村民。几位经验丰富的猎人听闻此事，便想捕获它们，为民除害。但是，这些野猪非常狡猾，从不上当。

有一天，一个老人赶着一头拖着两轮车的驴子走进了野猪出没的村庄。两个月后，老人告诉那个村子的村民，野猪已经被他关在山上的围栏里了。

老人是如何捕获到野猪的呢？村民们都想知道答案。

老人解释说："我首先去寻找野猪经常出没的地方，然后在空地中间放了一些粮食作诱饵。那些野猪起初吓了一跳，最后还是好奇地走过来，用鼻子闻粮食的味道。很快，一头老野猪吃了第一口，其他的野猪也跟着吃起来。这时我知道，我肯定能抓到它们了。"

"第二天，我又多加了一点儿粮食，并在几尺远的地方立起一块木板。那块木板像幽灵一样暂时吓退了野猪，但是那些'免费午餐'很有诱惑力，所以没过多久，它们又跑回来继续大吃特吃起来。当时，野猪们并不知道它们已经进入了我设的陷阱里。我要做的就是每天在粮食周围多立起几块木板，直到陷阱布置完成为止。"

"然后，我挖了一个坑，立起了第一根角桩。每次我加进一些东西，野猪们就会远离一段时间，但最后都会回来吃食物。围栏建好了，陷阱的门也准备好了，而吃白食的习惯使它们毫无顾虑地走进了围栏。这时我就出其不意，把围栏的门关上，那些野猪就被我轻而易举地抓到了。"

当一只动物过度地依靠人类供给"免费"的食物时，那么它就变得越来越没有警惕性，越来越"心安理得"，最后只能被人类捕

获。其实，我们人类不也是如此吗？

我们的孩子正生活在“免费的世界”中：只要逛逛商场就能免费试吃各种食物，随时都可以拿到免费的赠品、试用品、折扣券、奖品等。但是，免费的东西必定包含了其他的费用。父母一定要教会孩子懂得这些基本的道理。

父母还要告诉孩子“免费”的真面目，例如：商品的价格包含了一些赠品的费用；为了得到免费或打折的商品，人们需要耗费很多的时间和力气去排队等待，这也是一些“无形的费用”；即使这一次我们免费得到了，那么下一次也要用另一种方式进行补偿。

总之，让孩子牢记“天下没有免费的午餐”，是理财教育的出发点。

第5课
要让孩子深刻认识到，“金钱不是万能的”

金钱在很多时候是“万能”的，但父母更要让孩子认识到金钱的“不能”。父母要让孩子看到比金钱更重要的东西，比如友情、亲情、时间、健康、尊重、信任等。

随着孩子慢慢长大，孩子渐渐明白，钱可以帮自己买回精美的玩具，漂亮的衣服，好吃的食物……父母赚的钱越多，家里的生活就会越好，越让别人羡慕，自己会更有优越感。所有这些，都可以通过金钱去换取。于是，很多孩子便认为：金钱无所不能，只要有了钱，所有的问题都不是问题。

实际上，金钱买不来的东西有很多，因为这些东西是无价的。比如，人们有再多的钱，也买不来健康。而我们首先要让孩子深刻认识到的，恰恰是这些用金钱买不来的东西，比如时间、健康、幸福等。孩子只有明白“还有很多东西是金钱买不到的”，那么他才会把金钱看淡，进而学会花钱、赚钱，成为金钱的主人，而不是金钱的奴隶。

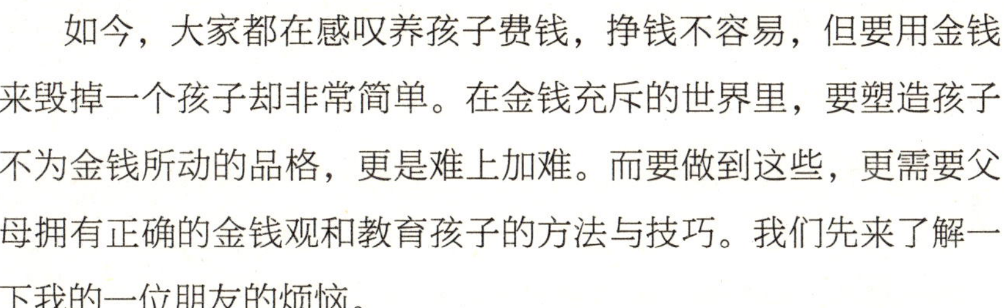

如今，大家都在感叹养孩子费钱，挣钱不容易，但要用金钱来毁掉一个孩子却非常简单。在金钱充斥的世界里，要塑造孩子不为金钱所动的品格，更是难上加难。而要做到这些，更需要父母拥有正确的金钱观和教育孩子的方法与技巧。我们先来了解一下我的一位朋友的烦恼。

有一位朋友，她有一个刚上小学四年级的孩子。朋友为了让孩子养成勤劳的习惯，于是平日不断叮咛孩子，要他帮忙做一些简单的家务，比如：帮父母倒垃圾，整理自己的房间，帮爸爸浇花除草，清理花园，等等。但是，孩子除了喜欢玩电子游戏，其他的事情都不喜欢做。父母交代的任务，他能躲就躲。他即使做了，也是不情不愿或心不在焉。

为了调动孩子做事的积极性，朋友想出了一个办法：以劳动换取零花钱。她告诉孩子：“你只要倒一次垃圾、洗一次碗或浇一次花草，就可以得到一些零花钱。”孩子一听，果然来劲儿了，开始抢着做事，并积极地向妈妈汇报自己的工作成果。

刚开始时，朋友也很高兴，觉得这个用金钱鼓励的办法果然奏效。但是，没过多长时间，朋友就发现有些不太对劲儿了，因为很多已经不需要做的事情，孩子也会巧立名目，当成自己的任务来完成，然后伸手向她要钱。

面对这样一个孩子，她真是束手无策，不知如何是好。

从上面的案例可以看出，在妈妈的诱导之下，孩子已经形成了一种“凡事皆以金钱来衡量”的观念。金钱的激励从本质上讲，是一种非常肤浅的激励，是激励手段中最差的一招。如果孩子将金钱设为自己奋斗的目标，那这个目标所能提供的动力是金钱。金钱这个动力是非常有限的，而且容易起副作用。

孩子头脑中的金钱观念并非天生的，更多的是受到父母的诱导而产生的。在现实生活中，有很多父母喜欢用金钱来诱导孩子做事情。比如：孩子帮爷爷捶腿了，爸爸奖励他10元钱；孩子帮妈妈刷碗了，妈妈奖励他5元钱；或者爸爸跟孩子约定“这次期末考试你能进前十名，我就奖励你100元”……这些以金钱为激励的教育方法都是非常错误的。

我们假设，你跟孩子有个这样的约定：如果孩子考试能进前十名，你就奖励他100元。这次孩子考进了前十名，你给了他100元钱，而下一次他又考进了前十名，那么你就必须再给他多于100元的奖励，否则会在孩子的心里产生落差，最终会让他丧失学习的动力。但如果你真的给了孩子多于100元的奖励，那么下次你就必须给得更多，从而形成恶性循环，导致孩子越来越贪财。孩子也会觉得，学习是你派给他的一件苦差事，而不是自己想要去做的事，因此需要通过金钱来补偿。所以，用金钱激励孩子，最终的结果都不是很好，甚至会更差。

如果我们把金钱作为衡量一切事物的标准，长此以往，孩子可能成为一个“金钱至上”的拜金主义者。那样的话，不但害了父母自己，而且害了孩子。

很多父母经常以金钱激励的方式来鼓励孩子念书，比如：考多

少分给多少钱，看一本课外书给多少钱，等等。这样一来，孩子到底是为了钱而读书，还是为了兴趣而读书，我们就很难弄清楚了。所以，父母给孩子钱，与其直接把钱交给孩子，不如对孩子说："如果你看完这本书，我可以再去给你买另外一本书，让你继续阅读。"同样是花钱，但不是直接把钱给孩子，而是用另外一种奖励方式，鼓励孩子保持良好的行为和习惯。

如果说，让孩子认识到金钱的"万能"，是为了使他们珍惜来之不易的劳动成果，那么让孩子知道金钱的"不能"，就是让孩子明白：在人的一生中，还有很多东西比金钱更重要，比如时间、健康、生命等。而且在很多情况下，金钱是无能为力的。所以，当孩子的思考能够从"金钱万能论"提升到"金钱并非万能的"时，那么父母对孩子的财商教育实际上已经获得了初步的成功。

彤彤今年上小学一年级，受妈妈的影响，她非常喜欢打扮自己。无论是穿衣服，还是佩戴饰物，她都十分讲究。有一次，爸爸去意大利出差，回来时给彤彤买了一对红珊瑚的发卡。第二天，彤彤便把这对发卡戴在头上。这一戴，她就显得更惹眼了，于是班上的同学都对她羡慕不已。

然而，有一天上体育课时，彤彤的好朋友安娜非要摘下她的发卡来看一看，结果没拿好，不小心将发卡摔在了地上，而且一下子就摔成了两半，彤彤哭着喊着要她赔。但是，安娜的父母跑了很多地方，都没有买到一模一样的发卡。于是彤彤发誓，以后再也不和安娜玩了。

此事发生后，彤彤妈有些生气。“你好好想想，因为一个摔坏了的发卡你就丢掉一个好朋友，是不是太不值得呢?”她耐心地教导彤彤。

“怎么不值得了? 我的发卡是爸爸从意大利买回来的，多么贵重啊!”彤彤紧皱眉头，语气很不友好地回应道。

彤彤妈嘴角一扬，笑着说：“孩子，发卡是爸爸从意大利买回来的，十分贵重，这一点没有错。但是，这毕竟是通过金钱可以买得到的东西，而你失去的友谊却是金钱买不到的啊!”

彤彤妈的一番话让彤彤陷入了沉思。过了一会儿，彤彤的脸上终于露出了悔意，说道：“妈妈，我知道错了。”

看到女儿认识到自己的错误，彤彤妈语重心长地对她说：“这个世界上有很多东西都是金钱买不到的，就像你与安娜的真挚友情。发卡摔坏了，以后爸爸出差时还可再给你买一个，但你与安娜的友情，却不是金钱所能弥补的。”彤彤听了，使劲儿地点了点头，说：“妈妈，您放心吧，我明天就去向安娜道歉。”

彤彤妈教育彤彤，其实就是向她阐述金钱的“不能”。机会教育是很好的施教方法，所以在每一种看似不利的情况下，父母可以应用正确的价值观来引导孩子。在这样的时刻，孩子的感受最深，施教的效果也会更好。

所以，聪明的父母不妨结合日常生活中发生的一些小事情，通过“晓之以理，动之以情”的方式，让孩子看到比金钱更重要的东西，比如友情、亲情、时间、健康、尊重、信任等。需要特别注意的是，父母在教育孩子的时候，千万不要急于求成，让孩子一下就接受金钱的“不能”。因为孩子的心智尚未成熟，他有时候不能理解“交换”的价值与意义。譬如，孩子以为哭闹就会有糖吃，因此他会不停地哭闹，试图得到好处。很多父母因为溺爱，或抵挡不住孩子的哭闹，于是只好妥协。但这样一来，父母就是在纵容孩子，也让孩子产生一种错误的观念，那就是：凡事都可以通过哭闹来达到目的。

所以，对于孩子的教育，如何准确拿捏，如何适度坚持，父母应该掌握好分寸。当然，很多时候，父母要多花一些时间，多走一些弯路，才能让孩子深刻体会到：金钱能买到的东西，最后可能并不值钱。父母也应该知道，这些时间与精力的付出都是值得的，因为父母的言传身教是对孩子最有效的示范。

此外，在平时的生活中，父母工作再忙，也要抽出时间来陪陪孩子，关心孩子的学业与成长。父母可以利用周末或假期的时间，带孩子去参加一些公益活动，以培养孩子的爱心，让孩子学着去关心别人，引导孩子用积攒的零花钱去帮助那些需要帮助的人，以塑造孩子的良好的品德，充实他们的精神世界。这种方式可以在无形中端正他们的金钱观，使其体会到：如果一个人只有金钱，而缺乏其他的东西，反而是最不幸的。因为当一个人“穷得只剩下钱”时，那真的是一种悲哀，也是教育的失败。

总之，金钱在很多时候是“万能”的，但在某些情况下却是

“不能”的。父母在教会孩子如何理财，如何赚钱之前，要让孩子明白，金钱在什么条件下是“万能”的，在什么情况下却是“不能”的，这是十分必要的。因为孩子能否弄懂这些，关系到他将来是成为金钱的奴隶，还是金钱的主人。

第6课 勿把“价格”当“价值”，正确培养孩子的“金钱价值观”

父母的“金钱价值观”会对孩子产生重大影响。父母经常用金钱来衡量事物，必然导致孩子把“价格”当成“价值”。这样成长起来的孩子，不会真正懂得事物的“价值”。

孩子刚开始识字时，如果父母给他买回来一些玩具、衣服、食物之类的东西，他往往会满脸好奇地问：“这个多少钱啊?”——这是孩子心中存在的模糊的“价格观”。等到孩子入学后，他会对商品的价格越来越敏感。他每次跟着父母到超市或商店购物时，也会注意到柜台或架子上的价格标记牌。而这个时候，父母的头脑中经常出现的词语也往往是“价格”，经常挂在嘴边的也是“多少钱”“太贵了”“买不起”“真便宜”“很实惠”等这些话。所以说，此时的孩子对任何物品的认识，只有贵贱之分，而没有“价值”这个概念。

那么，父母应该如何引导孩子通过“价格”去发现“价值”呢？我们先看下面的事例。

周末，上小学三年级的小明正好过生日，于是他便邀请班上的同学来家里一起庆贺。小明的妈妈张女士给他买了一个大蛋糕，还准备了一桌丰盛的饭菜。同学们不约而同地给小明带来了小礼物，小明既期待又激动，但他最想知道好朋友小林给他带来什么礼物。然而，在生日宴会上，其他同学带来的礼物小明都很喜欢，唯独小林送给他的贺卡令他失望至极。

同学们走后，小明满脸不悦地向妈妈抱怨，说道：“小林太小气了，他送给我的礼物根本不值钱！他过生日时，我送给他的舰艇模型多贵啊！”

张女士听了，摇摇头，对儿子说道：“我看小林的礼物最珍贵。这是他亲手制作的贺卡，而且还颇费心思，把你和他的照片嵌进去了，表示你们的友谊地久天长啊！”

“他的贺卡再好，也没有花钱。”小明对此仍然嗤之以鼻。

张女士继续开导道：“小明，你知道吗？小林在这张贺卡里倾注着他的一份浓浓的情谊，这是花多少钱也买不到的。商场里出售的商品都有明码标价，但那只能说明这些商品的‘价格’，而‘价值’是没法用金钱来衡量的。就像这张贺卡，它虽然不是花钱买来的，但它却代表了你和小林之间最真挚的情谊，所以它是无价的。你明白了吗？”

小明听了妈妈的这番话，沉思片刻才说道："妈妈，我懂了！小林送给我的生日礼物，虽然不是花钱买的，但却代表了他的一份祝福。这件礼物见证着我们的友谊，所以它是无价的！"

这种"把价格当价值"的观念，又何止是小明一个人存在呢？而孩子会有这种观念，又是谁灌输给他的呢？这是值得我们深思的。

其实，像小明这样的孩子，在我们的现实生活中会经常见到。好在小明有一个十分明智的妈妈，她发现孩子存在那种有失偏颇的观念后，及时给予纠正。

实际上，每一个孩子刚来到这个世上时，都犹如一张洁净的白纸，在他们的脑子里，既没有"价格"之分，也没有"价值"之别。孩子的所有观念，都是大人"给予"的，或是社会"给予"的。所以，孩子其实就是大人的一面镜子，也是社会的一个缩影。

我们发现孩子的某一个观念不对时，最好不要忙着教训孩子，不妨先反思一下：自己是不是曾经无意中给孩子灌输过这种观念？家中的一些物品，我们是不是经常用金钱来衡量？在给别人送礼物的时候，我们是不是首先想到要花多少钱，而不是先想到要送什么礼物呢？所有这些，都会对孩子"价格观"和"价值观"的形成产生重要的影响。

那么，"价格"与"价值"到底有哪些不同呢？"价格"是以货币为单位的商品"价值"的表现形式，而"价值"是凝结在商品中的无差别的劳动。我们举个例子，假设生产1斤大米所付出的劳动与生产10支铅笔所付出的劳动是一样的，那么我们可以说，1斤大米的“价值”和10支铅笔的“价值”是一样的。但是，在市场上，1斤大米的钱可能会买到5支铅笔，这就是“价格”。也就是说，“价格”是具体的，可以通过金钱来衡量；“价值”是抽象的，不是金钱所能完全衡量的。总之，价格是数字，指向表现形式；价值是内涵，指向实际包含的劳动量。这两者之间的区别，正是需要父母用心教会孩子的。

那么，父母怎样才能让孩子从小培养正确的“金钱价值观”呢？

首先，养成合理消费的习惯是非常重要的。

合理消费既是一门学问，也是一种价值观。过度消费不仅会影响孩子的身心健康，而且会增加家庭的经济负担。父母要实现这个教育目标，最重要的不是给孩子多少钱，而是教会孩子怎么花钱。许多孩子抵挡不住对玩具、糖果等商品的诱惑，他们看到各种各样的商品，就会不考虑自己的经济能力胡乱购买，这样一来，难免会造成浪费。

其次，父母要教会孩子储蓄。

孩子在个人储蓄机制的制约下，能够控制自己的开销，并从实际收益中逐渐领悟到理财的巨大好处，从而主动学习理财技能，这对孩子今后的发展是很有好处的。无论家庭条件如何，父母都必须让孩子明白金钱的价值，教会他合理地使用金钱，做到不奢侈、不浪费，并且积极主动地去积累自己的财富，养成正确的金钱观和良好的消费习惯。孩子不贪财，不拜金，能合理地消费，把钱花在刀刃上，这就是父母对孩子进行理财教育的目标。

总之，对孩子进行理财教育是一个循序渐进的过程。父母在向孩子灌输“价格”与“价值”的概念时，更要紧密地结合生活实际，引导孩子逐渐建立起正确的“金钱价值观”。这样，孩子才能真正懂得金钱的价值，乃至生命的价值及人生的意义。

理财
储蓄
零花钱
压岁钱

第2篇

教会孩子过“穷”日子

我国著名的美学大师朱光潜曾经说过，“千金难买幼时贫”。艰苦的环境对磨炼一个人的品格，激励一个人的斗志，增强一个人的能力有很大的作用。人们只有接受艰苦环境的磨炼，才可能取得成功。所以，父母要教会孩子过“穷”日子。本篇讨论的话题如下：

第一，如何让孩子学会节约每一分钱？

第二，要鼓励孩子“打工”赚钱。

第三，要慎用金钱奖励孩子。

第四，给孩子零花钱要讲究适当原则。

第五，“啃老”的孩子要不得。

第六，别让孩子成为“名牌控”。

第 7 课
让孩子学会节约每一分钱

富人和穷人之间最大的差别，就是真正富有的人会尊重每一分钱，节约每一分钱。父母想让孩子将来过上好日子，就要从小培养孩子勤俭节约的好习惯。

我们可以说，现在各方面的物质条件已经比过去提高了很多。随着家庭收入不断增多，孩子们在吃穿用度方面更是越来越好，父母愿意为了孩子投入更多的金钱，尽量让孩子吃得更好，穿得更漂亮，用得更高档，玩得更开心。即使这样，也不意味着父母可以让孩子随意浪费。孩子不仅不能浪费，还应该节约手中的每一分钱。

或许有的人会有这样的疑问：现在的生活条件都这么好了，还有节约的必要吗？难道要让孩子去过以前那种贫困的日子吗？尤其是对那些曾经经历过辛苦打拼的父母来说，那份曾经的辛苦更是刻骨铭心，他们也许曾暗暗发誓，再也不能让自己的孩子走自己曾经走过的路，因为那实在是太辛苦了！所以，这些父母往往会有这样的想法：自己已经为孩子创造了那么好的生活条件，那就让孩子好好享受吧！

其实，我们所说的“让孩子节约每一分钱”，并不是说要让孩子去过以前那种贫困的日子，也不是说不要让孩子吃好的、穿好的甚至玩好的，当然更不是要培养“守财奴”式的孩子，而是要让孩子把每一分钱都花在“刀刃”上。

那么，对于节约，是否有一个可以衡量的标准呢？这些标准又是什么呢？

一般来说，看一个人是否节约，主要看如下三点：

第一点，要看他是否高效地使用金钱，做到合理消费。

第二点，要看他在消费的时候，是否有利于自己的发展，包括：保持身心健康，培养良好品质，掌握各种技能，等等。

第三点，要看他是否杜绝奢侈浪费的行为和享乐主义。

虽然每个家庭及个人的消费水平有所不同，但用这三点来衡量一个人是否节约，可以说是“放之四海皆准”的真理。

我们都知道，几乎所有的人都喜欢富贵，讨厌贫穷，但著名的美学大师朱光潜却认为“有钱难买幼时贫”。这句话正好切中了当今社会的孩子的病源。可以说，当今社会的孩子，尤其是生活在都市中的孩子，很少知道什么叫贫穷，因为父母已经尽一切能力为他们创造最好的生活条件。这也造成了很多孩子不懂得什么叫“节约”，更不知道这两个字背后所蕴含着的美德。他们只要求吃好的，穿好的，玩好的。他们并不懂得自己的一切从哪里来，包括自己所吃的美食，所穿的衣服，所玩的玩具，等等。当然，他们也不知道父母给自己的零花钱从哪里来。由于他们不清楚这些东西来之不易，所以他们也不懂得珍惜，只会随意浪费。久而久之，即使家里放着一座金山，也有被孩子挥霍一空的时候。

还有一些人会认为，节约是穷人才会干的事情，富人根本不需要节约。但实际上，节约是很多富人的习惯。比如，李嘉诚在生活上就非常节俭。下面的这则小故事，就足以说明这一点。

有一天，李嘉诚从酒店出来，当他从口袋里掏出车钥匙时，从口袋里蹦出来一元硬币，掉到地上。这时，那枚硬币刚好滚到酒店保安的面前，于是保安迅速地把那枚硬币捡起来递给李嘉诚。李嘉诚接过这枚硬币后，从兜里掏出一百元，给了那位保安，又把这一元钱硬币也送给了保安。

朋友很不理解，于是便问他为什么要这样做。李嘉诚回答说：“这一百元是他为我提供服务应该得到的报酬。如果他没有把这一元硬币捡起来，那么这一元钱就可能会被车碾到地里，或者掉到沟里，这样就会白白浪费掉。钱是用来花的，绝不可以浪费掉。”

很多人经常说，富人越有钱就越抠，但看完这则小故事之后，你还会这样认为吗？其实，这不是抠，而是为了节约每一分钱。因为他们知道，每一分钱都是来之不易的。而那些没有钱的人，却往往“穷大方”。

我们再来看一看美国著名的石油大王约翰·洛克菲勒的两则有关节俭的趣闻。洛克菲勒是十九世纪美国的三大富豪之一，他活到98岁高龄，一生至少赚了十亿美元。他捐出去的钱就有七亿五千万，而他平时的生活却十分节俭。

趣闻一

有一次，洛克菲勒下班想搭公交车回家，由于口袋里没有十美分的零钱，于是就向自己的秘书借，并说：“你一定要提醒我把钱还给你，免得我忘了。”

秘书微笑着说：“请您别介意，十美分算不了什么的。”

洛克菲勒听了之后，正色地说：“别这么说，把一美元存在银行里，如果按现在的利率计算，要整整两年才会有十美分的利息啊！”

洛克菲勒经常到一家熟识的餐厅用餐，吃完饭后，他会给服务生付十美分的小费。有一次，不知道是什么原因，洛克菲勒只给了服务生五美分的小费。服务生很不高兴，而且还忍不住埋怨起来：“如果我像你那么有钱的话，我绝不会吝惜那五美分！”

洛克菲勒听了服务生的话，笑了笑说：“这就是你一直在这里当服务生的原因。”

趣闻二

洛克菲勒有徒步旅行的习惯。有一次，他准备坐火车返回公司总部。他来到加州地区的一个又脏又乱的小车站，坐在候车室靠近门边的座位上等车。由于经过长

途跋涉，他显得很疲惫，一脸倦容。他坐在那里望着来来往往的人，好像是在发呆。

列车进站了，乘客们站起来拥向检票口。洛克菲勒不紧不慢地站起来，准备往检票口走去。忽然，从候车室外走进来一个胖女人，她提着一个很重的箱子，有点儿力不从心的样子。显然，她也要赶这趟列车，可箱子太重了，累得她呼呼直喘。她左顾右盼，好像是在找人帮忙。忽然，胖女人一眼瞧见了外表略显邋遢的洛克菲勒，就冲他大喊：“喂，老头，你给我提一下箱子，我给您小费。”

洛克菲勒看了一眼箱子，认为完全在他的能力范围内，于是便拎起箱子，和她一起朝检票口走去。

上车以后，胖女人庆幸地说：“还真是多亏了你，不然我非误车不可。”说罢，她掏出一美元递给了洛克菲勒。洛克菲勒微笑着接过钱，放进了口袋。

一会儿，列车长走了过来，恭敬地问洛克菲勒，需要什么服务。在洛克菲勒向列车长道谢的同时，只听见那个胖女人惊讶地叫道：“我的天，我竟然让石油大王洛克菲勒先生来给我提箱子，还给了他一美元小费！”

于是胖女人连忙向洛克菲勒道歉，并诚惶诚恐地请洛克菲勒把一美元小费退给她。洛克菲勒笑着说：“我已经挣了很多次一美元的小费了，如果退给你的话，我不就白给您提箱子了吗？”

从上面两则关于洛克菲勒的趣闻我们可以知道，洛克菲勒即使是一个著名的大富翁，也会非常珍惜自己得到的每一分钱。富人和穷人之间最大的差别，就是真正富有的人会尊重每一分钱，节约每一分钱；而穷人却不懂得珍惜这些“小钱”，会随意浪费，最后只能当一辈子的穷人。

第 8 课

鼓励孩子“打工”赚钱

“打工”是孩子最好的实践机会，这种真实的体验能克服孩子的惰性和依赖性，让孩子得到锻炼的机会，使孩子变得更加独立和坚强。

现在的孩子，大多都是独生子女。随着生活水平的提高，他们在家中的地位日渐提升。大多数父母都会把自己的孩子当成掌上明珠。正是由于父母对孩子的过分宠爱，导致孩子缺乏吃苦耐劳的精神，缺少勤劳俭朴的美德，不能深切地体会到父母的艰辛，更不知道自己应该如何去创造财富。

相反，在一些发达国家，很多孩子都能独立生活。他们之所以很独立，很大一部分原因在于他们从很小就开始体验“打工”生活，从小就开始培养“理财”的意识。

在美国，孩子一到法定年龄（一般是在13岁左右），父母就会迫不及待地给孩子找份工作，比如：餐馆的服务员，超市的收银员，报社的送报员，送货的快递员，等等。

在日本，许多学生会利用课余时间，在饭店洗碗、端盘子，在商店理货、售货，在养老院照顾老人、打扫卫生，等等。

在加拿大，为了培养孩子的劳动意识，孩子从六岁起，父母就会有意识地让他们做一些力所能及的事情，比如打扫卫生、送报刊和信件、为商店代售小商品等，以培养他们通过劳动取得报酬的能力。

在英国，孩子一上小学就开始送报或送牛奶，稍大一点儿的孩子外出打工也是非常普遍的现象，而且大多数孩子会得到父母的支持。

……

这些国家的父母为什么要让他们自己的孩子从小就去体验“打工”生活呢？归结起来，“打工”有以下几点好处：

第一，能培养孩子与人交流互动的能力。

第二，能从小培养孩子的自立能力。

第三，能让孩子养成“理财”的习惯。

第四，能从小培养孩子的团队协作精神。

第五，能帮助孩子实现自我价值。

……

在一些发达国家，父母普遍认为，孩子只有出去体验“打工”生活，才能有机会真正地接触社会、了解社会和适应社会，因为学校只是一个同龄人的群体。孩子在外出“打工”的时候，能够接触到各种不同职业的人，这样就培养了他们与不同职业的人进行沟通和打交道的能力。研究发现，那些没有打过工的孩子与打过工的孩子相比，无论是在与人沟通交流的能力上，还是在与人合作的能力上，都存在很大的差距。

然而，我们中国孩子的父母经常会有这样一个错误的观念：孩子的这种能力可以等他长大后再慢慢地培养。他们将孩子的书本学习置于首位，把孩子的大部分假期时间用在文化课的学习上，而不去培养孩子的“软实力”。这也是中国市场上的课外辅导机构多如牛毛的主要原因之一。

然而，绝大部分的外国父母却不这样认为，他们觉得知识是什么时候都可以学习的，但这种能力只有在孩子小的时候才能培养。所以，在美国等发达国家，即使是非常有钱的父母也会让孩子出去“打工”。当孩子们通过自己的双手努力获得收入时，他们就会对钱产生一种全新的认识，不仅能够意识到挣钱不易，而且会慢慢地学会如何支配自己的劳动成果。这时，孩子也就有了“理财”的意识。

唐恩·里士满鼓励孩子“打工”做法效果非常显著。唐恩·里士满有11个孩子。按照常人的看法，他能把这11个孩子都抚养成人已经很不容易了，怎么还有精力去培养孩子的财商呢？然而，唐恩·里士满不但轻松地养育了这11个孩子，还让这些孩子赚到了自己今后上大学所需的费用。

那么，唐恩·里士满是怎么做的呢？原来，唐恩·里士满给每个孩子设立了一个基金账户，然后告诉他们：“不管是谁，每赚到一美元，我就在谁的基金账户里存入50美分。”结果，这11个孩子开始使出了“八仙过海”的本领，他们有的给人看小孩子，有的替别人整理草坪，有的出去推销产品，有的去帮别人送报纸，有的去给别人倒垃圾……两年后，几个大孩子的基金账户里的金额已翻了三番，其中有三个孩子已将自己的一部分基金用于支付大学的学费了。

中国台湾作家张德芬在她的博客上这样描述孩子的打工经历："我女儿第一次去找工作挣钱，找了半天好不容易有人愿意让她收拾厨房。据我那个娇生惯养的女儿说，那个厨房积了一层厚厚的黑油垢，她收拾了一个下午，挣了十元钱。我儿子则是去街上发宣传单，也是发了好几千份才挣到十元钱……"因为从小有过这样的经历，她的两个孩子长大后都非常优秀。

我们再来看一看美国小孩达瑞的"打工"成长经历。

达瑞出生在美国一个中产阶级家庭。父母在生活上对他要求很严，平时很少给他零花钱。在达瑞八岁的时候，有一天他想去看电影，却身无分文。是向爸妈要钱还是自己挣钱？达瑞第一次开始思考这样的问题。最后，他决定自己"打工"挣钱。

达瑞自己调制了一种汽水，向过路的行人出售。可那时正值寒冷的冬天，没有人购买汽水，最后只等到两个顾客——他的爸爸和妈妈。

后来，达瑞偶然得到了和一个成功商人谈话的机会，当他对商人讲述了自己的"破产史"时，商人给了他两个重要的建议。他对达瑞说："第一，尝试为别人解决难题，那么你就能赚到更多钱；第二，把精力集中在'我知道的''我会的'和'我拥有的'事物上。"

这两个建议很关键。因为对一个八岁的男孩来说，他不会做的事情还有很多。于是达瑞不停地思考："人们会有什么难题？""如何为他们解决难题？""我能为他们做些什么?”这其实很不容易。好点子似乎都躲起来了，他什么办法都想不出来。但是有一天，父亲在无意中激发出了他灵感的火花。

一天吃早饭时，父亲让达瑞去取报纸。美国的送报员总是把报纸从花园篱笆中一个特制的管子里塞进来。所以，假如你想穿着睡衣，一边舒服地吃着早饭，一边悠闲地看着报纸，你就必须先离开温暖的房间到入口处去取报纸，即使在天气不好的时候也必须如此。虽然有时候你只需要走二三十步路，但这也是一件麻烦的事情。

当达瑞为父亲取回报纸的时候，一个主意诞生了。当天他就挨个按响邻居的门铃，对他们说：“每个月你们只需支付一美元，我就会每天早晨把报纸塞到你们的房门下面。”大多数人都同意了，达瑞很快有了70个顾客。当他在一个月后第一次赚到这么一大笔钱的时候，他兴奋得简直要飞上天了。

但他在高兴的同时并没有满足现状，而是在寻找新的赚钱机会。经过一段时间的思考，他决定让他的顾客每天把垃圾袋放在门前，然后由他在早晨送报时顺便把垃圾运到垃圾桶里，前提是每个月另加一美元。他的客户们很赞赏这个点子，于是他的月收入增加了一倍。后来他还为别人喂宠物、看房子、给植物浇水，他的月收入也随之直线上升。

在九岁时，达瑞开始学习使用电脑。他学着写商业广告，而且开始把小孩子能够挣钱的方法全部写下来。因为他经常有新的主意，有了新主意他就马上实施，所以他很快就有了丰厚的积蓄。他的母亲帮他记账，好让他知道什么时候该向谁收钱。

随着业务量逐渐扩大，达瑞必须雇佣别的孩子给他帮忙，然后把收入的一半付给他们。如此一来，钱便潮水般涌进了他的腰包。一个出版商注意到了达瑞，并说服他写了一本书，书名叫《儿童挣钱的250个主意》。因此，达瑞在他12岁的时候，就成了一名畅销书作家。后来电视台发现了他，邀请他参加许多电视节目。他在电视里表现得非常自然，受到许多观众的喜爱。到15岁的时候，达瑞有了自己的谈话节目，通过做电视节目和电视广告，他已经发展到日进斗金的程度。当达瑞17岁的时候，他已经成了“百万富翁”。

达瑞所做的事情，任何一个与他同龄的孩子都能做。他这样做不只是赚到了钱，最重要的是体验了生活，学会了独立，并能赚取生活的阅历。

所以，不管家庭是否富裕，父母都应该鼓励孩子出去“打工”，让孩子克服自身的惰性和依赖性，体会生活的艰辛，增强他的适应能力，为未来打下坚实的基础。

第9课 慎用金钱奖励孩子

用金钱奖励孩子是一把双刃剑。这种方式在短期内可能有效，但不利于孩子的长远发展。父母要慎用金钱奖励孩子。同时，父母要巧妙地利用“延迟满足”这一原理，让金钱奖励发挥更大的作用。

我们经常能看到一些父母用金钱作为奖品来鼓励孩子，比如：完成好作业奖励5元，主动弹琴奖励5元，给家里洗碗奖励10元……让孩子用自己的表现换取金钱上的奖励，似乎无可厚非，可是这样的做法对孩子的成长真的有利吗？

我们先来看一看下面的案例，了解一下小宝妈妈的苦恼。

六岁的儿子小宝不喜欢干活，我就用金钱奖励的方式来鼓励他：刷碗5毛，洗袜子1元，拖地2元……钱不多，小宝却很踊跃，而且活儿也干得很不错。但我没想到，后来他下楼给我送钥匙也要1元，帮忙照顾小弟弟也要5元，多洗了一个碗也要涨价……我不想再对他进行金钱奖励了，但又希望孩子能养成为家人分担家务的习惯。我该怎么做才能让他心甘情愿地做家务呢？

在上面的案例中，用金钱奖励的方法来刺激孩子的行为，是小宝妈妈自己“创造”的。小宝的表现也非常不错，小宝妈妈一开始也挺满意，但是当小宝出现了思想和行为方式上的“举一反三”时，小宝妈妈却不知道该怎么办了，因为孩子已经脱离了她的“可控领域”。

当然，我们这么说不是在指责这位妈妈，而是在提醒她。我们在伴随孩子成长时千万不要忘记，孩子是有思想、有能量的生命个体。既然孩子每天都在成长，都有变化，那么我们在教育孩子的过程中采用的方法，也要有变化、有提高。只有这样，我们才能正确应对孩子身上出现的各种问题。

教育是一门艺术，单纯地运用金钱奖励的方法来刺激孩子的行为，过于简单和粗暴，很容易让孩子错误地认为，“生活中最重要的是占有”，并把获得金钱作为自己生活的出发点和最终目标。这种做法对孩子是十分有害的。

我们不妨先看看美国一个心理学家所做的有关激励方法的实验。

美国有一个心理学家，他非常关注孩子的心理发展。有一次，他挑选出一些喜欢绘画的孩子，并把他们分成两个实验小组。他对第一组的孩子许诺说：“如果你们画得好，我就给你们奖品。”他对第二组的孩子说：“我很想看看你们的画，我喜欢你们的画。”两个组的孩子都高兴地

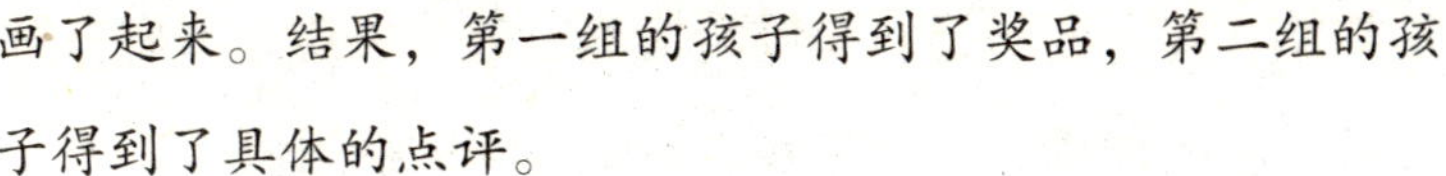

画了起来。结果，第一组的孩子得到了奖品，第二组的孩子得到了具体的点评。

三个星期后发现，第一组的孩子绘画兴趣明显降低，大多数孩子不愿意再画；而第二组的孩子则和以前一样，依然喜欢绘画。

后来，这个心理学家以同样的方式在不同的孩子身上做了很多次实验，实验的结果都是相同的。

这个实验的结论是：奖赏固然可以强化孩子的某种良性行为，让他们在短时间内提高积极性，但它又有使人只对奖品感兴趣，而对被奖行为失去兴趣的危险。孩子还小，尚未形成一个正确的人生观和价值观，还不具备明辨是非的能力。用金钱奖励孩子，会让他们觉得，自身行为的最终目的是为了获得奖赏。久而久之，孩子将会变得贪婪，逐渐发展成唯利是图的人。这在客观上阻碍了孩子的发展。此外，靠奖赏激发起来的行为不可能长期持续下去。

诚然，孩子的某种良好行为，应该得到父母及时的肯定和鼓励。但是，金钱奖励只是一种外在的手段，而不是孩子的内在的需求。奖励孩子必须掌握正确的方法，应该以精神方面的鼓励为主。因此，父母必须慎用金钱奖励的方法。

金钱奖励作为一种常见的奖励手段，本身并没有什么不好，只是父母必须谨慎地运用这一手段，让这一手段为孩子积极的行为方式服务，为孩子正确金钱观和价值观的形成服务，为孩子的健康成长服务。

因此，在运用金钱与孩子互动的过程中，金钱奖励作为手段本身并没有错，更重要的是，实施金钱奖励的父母应拿捏好分寸，睿智地发挥其积极作用，这才是我们希望看到的结果。

那么，父母应该如何发挥好金钱奖励这个手段的作用呢？以下三个措施对大家会有帮助。

第一，父母不要让孩子为了奖励而奖励。

金钱奖励只是一种外在手段，不宜常用。父母只有把孩子外在的物质需求转化为内在的心理需要，才能够唤起孩子的积极性和主动性，让孩子拥有长久不懈的动力。因此，高明的父母在实施金钱奖励时，总会以金钱奖励作为铺垫，并不失时机地提升孩子内在的心理需要，使孩子最终能够为自己内在的需求而不断努力。

第二，父母要以身作则，做好榜样。

我们都明白“亲情无价”，但是作为孩子的爸爸或妈妈，你是否会在有意或无意间，提示孩子“金钱至上”呢？你是否经常用金钱来衡量你对孩子的爱呢？如果有一天，孩子问“你爱我，值几块钱”，那时你再来反省与后悔，就已经来不及了。因此，你给孩子健康的爱比任何形式的奖励要有效百倍。

第三，巧妙地利用“延迟满足”这一原理，让金钱奖励发挥更大的作用。

所谓“延迟满足”，就是我们平常所说的“忍耐”，即为了追求更大的目标，获得更大的利益，克制自己的欲望，抵制眼前的诱惑。“延迟满足”不是单纯地让孩子学会等待，也不是一味地压制他们的欲望，更不是让孩子“只经历风雨，而不见彩虹”。说到底，它是一种克服当前的困难情境而力求获得长远利益的能力。如果孩子的“延迟满足”能力发展不足，比如边做作业边看电视，上课时东张西望做小动作，放学后贪玩不回家等，容易让孩子形成性格急躁、缺乏耐心等不良品质。孩子进入青春期后，在社交中容易产生羞怯或固执心理，遇到挫折时容易心烦意乱，遇到压力时就会退缩不前或不知所措。

父母要巧妙地利用“延迟满足”这一原理，让金钱奖励成就大作为。例如，妈妈可以这样对孩子说：“你表现很好，我就奖励你。你想买什么？说吧，我给你买。要不我把5元钱给你，你自己决定去买；或者我先把钱攒起来，等攒到20元的时候，你想要的东西就多了。好吧，钱给你，你自己来决定。”这样，孩子就会对钱有一个基本的规划，这也是培养孩子财商的手段。有一个会理财的孩子，你会担心他没有一个美好的未来吗？

第10课

给孩子零花钱，要讲究适当原则

给孩子零花钱是孩子学习理财的第一步，但父母需要了解什么时候开始给孩子零花钱，以及给孩子多少零花钱才合适。当孩子知道零花钱怎么花后，他成为未来的理财专家的第一步也就开始了。

有一天，一位妈妈告诉我，孩子在假期花钱跟流水似的。她算了算，孩子一个假期就花了上千元，也不知道他干什么了。她只知道，给孩子一百元，过两天就没了。时间一长，孩子就养成了乱花钱的毛病。

毫无疑问，这位妈妈给孩子的零花钱有些多了。造成孩子的零花钱数量过多的原因就是父母过度溺爱孩子。这样做不但没有好处，反而容易让孩子养成乱花钱的坏习惯。给孩子过多的零花钱，不但不能培养孩子的自主管理能力，而且会使孩子养成花钱大手大脚的不良习惯。因此，父母给孩子的零花钱要适量，并要让孩子用在正当的地方。未成年孩子缺乏正确的消费观，很容易受到社会上一些不良习气的影响，在相互攀比中消费，从而形成乱花钱的毛病。

父母给孩子零花钱，自己首先应该非常清楚地知道零花钱对孩子的重要意义。

第一，能让孩子产生独立自主的意识。

父母要让孩子分享家庭资源，参与家庭管理，产生独立自主的意识。父母要避免在用钱方面过分压制孩子，而使孩子养成说谎和偷窃的坏习惯。

如果孩子已经意识到了金钱的好处而口袋里没有钱，长此下去必然会出问题。例如，如果同龄人都有零花钱而你的孩子没有，你的孩子就会尽力避免在同学面前提及此事。他会独来独往，生怕与同龄人在一起，这对他的人际交往不利。此外，如果孩子从来没有享受过自主购买物品的快乐，他也会被这种快意所吸引，从而让父母随手摆放的硬币都不见了踪影。

事实证明，从小没有零花钱或零花钱过少的孩子，他们长大后会过分看重金钱，更可能因为钱财而变得“六亲不认”。因此，适当地给孩子一些零花钱，是让孩子心胸豁达的先决条件。

第二，能让孩子学会节制自己的欲望。

对四岁以上的孩子，父母可以尝试每周或每个月给他们一次零花钱。父母要让孩子知道，在一段时间内，自己可以自由支配一笔钱。这是帮助孩子“延迟满足”和“节制欲望”的好办法。随着孩子逐渐长大，父母可以帮助他们确定这些钱的使用范围，做一个大致的规划，养成量入为出的习惯。

如果孩子的自控力比较差，父母可以少给一些零花钱，只让孩子将这些钱用于购买小零食、小发夹、小礼物等东西。等孩子的自控力建立起来之后，父母可以多给孩子一些零花钱，同时扩大其“自付范围”。

时间一长，孩子自然就会爱惜自己的零花钱，懂得节制不现实的欲望了。比如，孩子一旦想购买自己心仪已久的玩具汽车、滑冰鞋，或者与电视动画片配套的童书和玩偶，他们就知道要节制一些购买欲望，攒起钱来实现自己的目标，这就很自然地培养了他们的储蓄意识。

第三，能让孩子明白金钱的概念和功用。

一般来说，两三岁的孩子还没有完整的金钱概念。他们刚开始对金钱发生兴趣的时候，大多都是因为钱币上的图案好看，有的孩子甚至会用纸币来叠花花绿绿的“纸飞机”。此时，父母的首要任务就是，帮助孩子理解一个相对完整的金钱概念。

父母不妨使用孩子能听得懂的语言，并辅之以亲子游戏来教孩子弄明白金钱的概念和功用。例如，父母可以从最简单的“钱物交换”开始，向孩子解释金钱的概念，并认识几种主要的币值。在此之后，父母可尝试在收银台前，让孩子单独为他所选的一两样小食品付款购买，逐渐帮助孩子拥有这样一种认识——买东西要付款。父母的付款能力有限，钱包里的钱用完就没有了，因此不能无限制地满足孩子的愿望。让孩子认清这一事实会使他成熟很多，很多父母由此摆脱了孩子在玩具柜前坐地哭闹的尴尬局面。

父母尽早地向孩子灌输金钱的概念，可以防止孩子认为任何东西都唾手可得，造成孩子一方面购买欲望膨胀，另一方面东西买到手后又不爱惜的毛病。父母在给孩子灌输金钱概念时，要让孩子懂得“辛苦付出才有回报”的道理。这样做，不仅可以在孩子心中埋下“辛苦付出，适度消费”的种子，而且可以减轻孩子与父母的分离焦虑。孩子会懂得，父母是为了给自己更好的生活，才不得不离开家去工作，去赚钱的。

父母懂得了零花钱对孩子的重要意义后，就要适当地发挥零花钱对孩子的作用了。如今的社会，大多数家庭只有一个孩子，如何恰当地给孩子零花钱，也成了许多父母头痛的一件事情——给少了，怕孩子不够花；给多了，又怕孩子胡乱花。

我们先来阅读下面这个案例，看看这家的父母是如何给孩子零花钱的。

作为孩子的妈妈，我很早就意识到，教孩子学会理财，意义有多大。

我们开始给孩子发零花钱是在他上小学一年级的时候。因为他还没有经验，所以我们在家里商量，给他必要的指导。于是我们就和孩子“约法五章”：

1. 如果要买零食，必须是父母允许的健康食品；

2. 如果要买小文具，必须是实用的，不买玩具型的，以免影响学习；

3. 如果要买玩具，不买重复的；

4. 如果要买比较贵的东西，就要攒钱，攒够了去买；

5. 买了东西要记账。

我们给孩子买了一个很小的黑皮笔记本，钱放在笔记本的封皮里，本子用来记账。

孩子很听话，花钱从不浪费，但是他也不小气。有时候我们周末出去玩，他还要买小布丁请大人吃。他经常一周都不花钱，等到周末才消费。我们很享受这些小布丁，它让我们感觉到夏季的清凉，也让我们感觉到了孩子的温暖。

孩子越来越大了，对周围世界有了自己的看法。因此，在教育孩子的问题上，我们更注重身教。比如，如果谁超支零花钱，那么就要自己负责。这件事我们三个是一视同仁的。比如，我们自己买东西超出预算了，就要向家里的“总账”借款。等下次有了钱再补上。孩子也是这样，我们都遵守这个约定。

我们家里是比较民主的，在家务分配上尤其是这样。孩子从小就愿意帮忙做家务，他稍大一点儿以后，更是经常主动承担一些小家务。后来我们经过家庭会议，把一些家务活固定了下来，希望更好地培养孩子的责任感和劳动习惯。比如，每天早上整理自己的房间，每周刷一次碗，每周末和家人一起义务打扫一次楼道的卫生。

孩子的零花钱透支以后，我们可以私下约定借钱还钱的方式。比如，孩子向我借了2元钱，可以通过独立帮我刷一次碗来抵消；他和爸爸一起洗一次车，也可以抵消自己5元钱的借款。孩子自己捡的饮料瓶换了钱，可以归自己所有。当然，如果爸爸向他借了钱，也必须要还，或者可以通过替孩子劳动来抵消。到现在我还记得，有一次我借了孩子5元钱，我通过清理楼道卫生来抵消借款。那天，我累得腰酸背痛，才知道平时孩子和我们一起劳动时承担了多少工作量……

其实一家人在一起这样讨价还价，是一件非常有趣的事情。

从上面的案例中可知，父母给孩子零花钱是一门学问。父母一定要记得自己是在“培养”孩子，而不是在“陪”孩子，这是理财教育的初衷。如果因为自己有钱就惯着孩子，让其任意花钱，或者利用自己的家长身份压制孩子，甚至只让孩子遵守约定而自己却不遵守，会不利于孩子理财观念的培养，更不利于孩子的健康成长和健全人格的培养。

在给孩子零花钱的问题上，以下几条建议能给大家一些参考。

第一，从小学一年级开始，父母可以固定地给孩子一些零花钱。

因为孩子小，父母可以一星期给一次零花钱。最好的方法是：在每星期的同一天，父母给孩子同样数目的钱。这样做，可以使孩子做到心中有数。究竟该给孩子多少零花钱，父母可根据整个家庭的经济状况来定。这样，孩子就会懂得如何规划自己的开支了。

第二，让孩子参与讨论。

关于零花钱，父母应郑重地和孩子一起讨论，以期达到彼此满意的解决办法。父母要告诉孩子，协议一旦达成，就必须遵守并努力执行。父母要让孩子明白，零花钱是家庭生活中的一项制度，这并不是父母对其施加压力的一张王牌，也不会随意增减数目。

第三，允许孩子犯错。

孩子最初花钱时容易出错，或者在买东西时欠考虑，这都是父母预料中的事情，父母应该允许他们出错。例如，爸爸让一个刚学会简单算术的孩子去买一斤盐，孩子回家的时候才发现，找回的钱并不是应该有的那个数，这时，爸爸不必责怪他，只需说一句："没关系，慢慢来。"孩子听了会觉得很内疚，所以在以后的买卖活动中，他一定会注意到。

第四，给孩子的零花钱，不得超过家庭负担的能力。

给孩子零花钱的原则应当是：所给的零花钱要在家庭负担的能力范围内。假使孩子提出异议，父母可以诚恳地告诉他："我们是希望能多给你一些零花钱的，但是我们的预算有限。"这是一种比较好的办法，要比试图说服孩子并不需要那么多钱，效果要好得多。

第五，所给的零花钱足够满足孩子的合理开支。

父母要把孩子的花费和合理需要放在心上，以便决定给他多少零花钱。这个问题，需要父母双方配合默契。一个家庭必须有一个人管钱，孩子的零花钱也应由这位主管来支付，这是防止孩子乘机多要钱的办法之一。家庭主管也应懂得按时按量地支付给孩子零花钱，不会因为工作或家务繁忙而忘了这回事。

第六，言传身教，注意引导。

父母要注重平常的言传和身教，注意自己不能乱花钱，而且要把正确的消费观念传承给孩子，引导孩子把注意力转移到学习上来。父母自己要勤俭节约，认真对待手中的每一分钱。父母要抓住日常生活的一切机会，培养孩子的节俭品质。即使家庭已经十分富裕，父母在孩子面前也应该保持朴实节俭的作风。父母爱孩子，就要为孩子的将来考虑，不能让一时的宠爱害了孩子一生。

第11课
“啃老”的孩子要不得

孩子“啃老”，是父母的凄凉，更是孩子自己的悲哀。因此，父母要拒绝孩子“啃老”，孩子也要主动承担起责任，在孝顺父母的同时也能实现自己的人生价值。

在谈论“啃老”的话题之前，我先讲讲自己以前经历过的一件非常重要的事情。

在我成长过程中，有一件事让我印象非常深刻，至今难以忘怀。

那是我读大一的时候，新的生活开始，一切都是充满希望的。我办了一张信用卡，开始买衣服。有一次，我逛商店，看到有品牌衣服打折销售，其中有一件衣服我很喜欢，但要价1000元，当时我的生活费是一个月500元。因为我特别喜欢，于是就刷信用卡买了下来，并未觉得不妥。

我回家告诉妈妈，以为她会帮我还上这笔钱，但是她拒绝了，并且很生气地跟我说：“你作为一个没有任何经济来源的大学生，透支消费，本身就不对，我是不会帮你还这笔钱的。我们赚钱也很辛苦，我们给你的钱不是让你拿去挥霍的。”

我当时听到妈妈对我说这样的话，内心无疑是崩溃的，甚至开始怨恨起妈妈，和她吵了起来。信用卡只有一个月的还款期限，过期就会产生手续费。我到哪儿去找这1000元呢？就算不吃不喝，也得两个月啊！

因为省钱这一步走不通，为了还钱，我不得不开始寻找赚钱的办法，自己努力去填补这一缺口。正好那会儿中国移动在学校搞送话费的活动，于是我找到机会，帮助他们宣传，一单能赚20元。一个月下来，我竟然赚了1800元。最后，我顺利地还了信用卡的钱，还用余下的钱买了一条丝巾送给妈妈，感谢她没有帮我还那笔钱。正是因为她没有还，我才懂得想办法去赚钱以填补缺口。在赚钱的过程中我发现，赚钱真的很辛苦，并懂得了感恩。

经过这件事后，我依然经常买衣服，但我学会了在自己能力范围内消费。到现在我依然感谢妈妈，正因为有了她的“放手”，才有了我的成长。

这件事我印象如此深刻，主要是因为自己没有成为“啃老”族中的一员。“啃老”的孩子要不得。

然而，目前社会上普遍存在着这样一种现象：一个已经大学毕业了的孩子，却不出去找工作，而是继续留在家里靠着父母过日子。像这样的人，在今天的社会中不是个别的，而是存在相当大的比例，于是人们便给这类人起了一个名字——“啃老族”。

这些“啃老族”有的已经在家闲了好几年了，甚至有的已经三十多岁了还没有工作，在家“啃老”。这种现象不能不说是当前社会的一种悲哀。

为什么会出现这种现象呢？原因当然是很多的，有历史的原因，也有现实的原因。

从历史角度看，自清朝以来，就有一些不利于孩子成长的因素。清朝有八旗制度，八旗又分为满八旗、蒙八旗和汉八旗。八旗的后人也被俗称为“八旗子弟”，尤其是满八旗的子弟，很受优待。清朝政府规定，满八旗的子弟，都由国家和政府分发官粮，官粮一直发到老。而这样的制度，很快就把那些满八旗的子弟塑造成为“啃老族”。

在当代社会，也有一些因素促成了这种现象往更加严重的方向发展。目前，我们国家虽然没有从出生就被“包养”这样的制度，但在这样历史传统的影响下，有些“啃老”的现象依然存在。

现在的家庭，尤其在城市的家庭中，绝大多数孩子都是独生子女，家里就一个孩子，每个家庭都以这个孩子为中心，将其视为掌上明珠，唯恐孩子会受到任何伤害。每个父母从精神到物质，在各方面都宠着孩子，不肯让他们参加一些劳动和锻炼。父母的这种错误观念，也导致了社会上出现了越来越多的“啃老族”。而这种“啃老族”的出现，无论是对个人、对家庭，还是对社会来说，都是一种可悲的现象，更是一种危险的倾向。

与之对应的是，在国外的一些发达国家中，就很少有这种

“啃老”的现象存在，因为他们的孩子，从小开始就要养成独立生活的习惯。只要孩子年满十八岁，不管家庭多么富有，孩子都必须离开父母，独立谋生。

不让子女“啃老”的决定权，其实在父母手中。以下方法可以帮助父母避免孩子“啃老”。

第一，让孩子尽早参加劳动。

父母在孩子小的时候，就要有意识地让孩子做一些力所能及的事情，尽早让孩子参加劳动，这样不但能够锻炼孩子的生活自理能力，还能培养孩子吃苦耐劳的精神，避免孩子将来因受不了苦而“啃老”。

第二，尽量多教孩子一些技能。

父母在孩子学习之余，还应该根据孩子的爱好，尽量多教孩子一些技能。比如，孩子喜欢画画，父母可以为其报绘画班；孩子喜欢跳舞，父母可以为其报舞蹈班。父母教会孩子多种技能，就会让孩子将来多一些就业的机会。

第三，培养孩子的独立意识。

父母在孩子小的时候，就要培养孩子的独立意识，小事大事尽量让他自己独立完成，遇到问题让他独自解决。孩子如果做不好，父母可以去引导，但不能直接替他去做。孩子有了独立意识，长大后才不会依赖父母。

第四，培养孩子的竞争意识。

现在的社会竞争很激烈，尤其是在就业方面，人多职位少，不敢竞争者或竞争失败者只能待在家里“啃老”。因此，父母需要让孩子学会与人竞争，勇于与人竞争，让孩子在竞争中不断完善自己，争取在竞争中取得胜利。

第五，教孩子学会承担责任。

责任心对任何人来说都很重要，一个有责任心的人会把自己应该担负的责任勇敢地承担起来。因此，父母从小培养孩子的责任意识，有利于孩子长大成人后承担起孝敬老人的义务，而不是“啃老”。

第六，让孩子在挫折中成长。

生活中的挫折随处可见，孩子长大后离开父母还会遇到更多的挫折。因此，父母需要让孩子在挫折中成长，不能什么事情都替孩子做好。过于一帆风顺的孩子，抗挫折能力就会很弱。当孩子长大后遇到挫折就会退缩，很可能就会待在家里“啃老”。

第12课 别让孩子成为“名牌控”

“名牌”是商品质量和品质的保证，是消费品中的精品。然而，孩子过于去追求“名牌”，就会走入消费的误区。父母要警示孩子，别让孩子成为“名牌控”。

我曾经遇到过这样一个咨询案例。一位母亲在咨询室里跟我讲述她的儿子强强的一些情况。强强在某私立中学念初二，学习成绩不尽如人意，每次考试排名总是属于最后几名。强强没有上进心，可他在吃、穿、玩、乐等方面却样样都想追求最好的，非“名牌”不要。尤其在鞋子方面，他一定是非耐克、阿迪达斯不选，否则他会觉得自己没有脸面去学校。他一出校门就把套在外面的校服脱掉，露出“名牌”衣服。他说，班里的同学大部分都这样。虽然孩子的妈妈是做生意的，家庭经济状况也是相当不错，但妈妈的内心很担忧：“孩子喜欢追求‘名牌’，可他在学习成绩方面总是一塌糊涂。他不比学业而比高消费，追求‘名牌’，什么都要好的，这样下去怎么行？”

当每一位家长面对家中有一位讲究高消费、追求“名牌”的孩子时，他们或多或少存有困惑、无奈、焦虑、着急、担忧等复杂的内心感受。确实，针对这种追求“名牌”的现象，在目前的某些校园里头蔚然成风，那么它出现的原因又有哪些呢？

正值青春期的孩子，个体得到发展，自我意识逐渐增强，喜欢自己做主，容易接受新生事物。他们标新立异，追求时尚，并以时尚为荣。而“名牌”产品往往意味着新时尚、高质量、高科技，符合孩子的消费理念。孩子非常渴望建立良好的同伴关系，并希望得到同伴的认可。这时，一旦周围的同伴大部分属于追求“名牌”一族，他们看着同伴身着“名牌”，难免会互相攀比，相互影响。

再有，他们也会受到家庭环境的影响。父母从来都是非“名牌”不穿，花钱非常阔绰，孩子从小生活在这样的家庭环境里面，直接就会学会如何享受与高消费，物质欲望也较为强烈。有的父母经济条件尚差，但抱着“再苦不能苦孩子”的心理，节衣缩食，节省开支，甚至以负债的方式来满足孩子的消费欲望。再加上电视、杂志等媒体宣扬的富豪生活与小资情调，对价值观与是非判断标准尚未成熟的孩子产生影响。于是，孩子追求“名牌”的现象也就成为一种必然趋势。

近几年来，未成年人因追求“名牌”而走上犯罪道路的现象不断凸显。那么，究竟是什么原因让孩子对“名牌”如此热衷呢？外界诱惑、盲目攀比、爱慕虚荣……这些因素都有，但是，最直接的原因还是家庭理财教育的缺失。孩子追求时尚、热衷“名牌”本身并没有错，但如果过度地沉迷于“名牌”之中，那就是一种病态，往小了看是典型的拜金主义，往大了看就是价值观扭曲了。

据调查，几乎所有的中学生都喜欢“名牌”产品，大部分的中学生正在使用“名牌”产品，而幼儿园的孩子也都有“名牌”这一概念。对此，我们不禁要问：为什么有那么多的孩子拥有如此深的“名牌”情结呢？

美国社会心理学家马斯洛有个著名的“基本层次需要理论”，该理论将人的需求从低到高分为五类，分别是：生理上的需求，安全上的需求，情感和归属的需求，尊重的需求和自我实现的需求。我们仔细分析，人们追求“名牌”显然是属于尊重的需求，即用“名牌”来体现自己的价值与地位。如果仅仅是从这一点来看的话，孩子的这些需求只是人类的正常需求之一，那么父母就没有必要打击孩子追求“名牌”的心理。大人很多时候也青睐“名牌”，更何况孩子呢？

父母要先端正孩子对“名牌”的认识。“名牌”的产品大都质量比较好，是消费品中的精品，厂家投入和付出较多，对产品质量要求也是精益求精。比如：“名牌”的运动鞋穿起来不仅透气、舒适，而且很耐穿，不容易磨损；“名牌”的计算机售后服务有保障，其配件质量也都比较高。但是，如果从普通家庭的经济条件这个角度来考虑，很多“名牌”的产品不一定是必要的。这个时候，父母就要让孩子明白，价格贵的“名牌”产品不一定是最好的，最好的也不等于是最适合自己的。

在孩子小的时候，父母就应该向孩子灌输这些知识，而且在给孩子买衣服、文具等生活和学习用品时，也要注意自己的消费行为，为孩子树立起良好的榜样。

为了不让孩子成为“名牌控”，下面几点建议需要父母时刻注意：

第一，告诉孩子“名牌”的含义和实质。

父母要告诉孩子“名牌”的含义和实质。“名牌”是一类产品，由主管部门检测各项指标，要求达标，而授予的名誉称号。“名牌”不能够代表身份，也不是地位的象征，只是一种对产品的称号。各行各业，都有自己的“名牌”产品和服务。也并不是所有的“名牌”产品，都是行业中最贵的产品。孩子弄清楚了“名牌”的含义和实质，也就不会盲目地崇拜“名牌”了。

第二，教孩子正确地看待“名牌”产品。

父母在生活中要教会孩子正确地看待各种“名牌”产品。“名牌”不是一律要受到批判，“名牌”是产品质量和信誉的保证。对于生活日用品，例如牙膏、儿童润肤乳、铅笔等物品，可以鼓励孩子去选择“名牌”。这类“名牌”的性价比较高，无疑是一种好的选择。

“名牌”中也还有一些奢侈消费类的产品，不同于大众消费类的名优产品。它们的价格也会比同质量的商品高出数倍。而且孩子是否拥有，不会对生活造成太大的影响。这类“名牌”产品，往往是孩子之间用来相互攀比的东西。

第三，培养孩子正确的人生观。

父母要注意培养孩子正确的人生观，只有如此，孩子才会更加理性地选择自己的消费用品。健康、积极的人生观，能够让孩子把精力更多地放在个人能力的提高上，而不是用在和人攀比消费的过程中。

孩子只有拥有积极的人生观，才会拥有更远大的人生理想。他们才不会过于沉迷在对物质的无限追求中，也不会把拥有更多的“名牌”产品作为自己的生活追求。

第四，培养孩子正确的审美观。

受娱乐圈明星、体育明星等人物奢华装扮的影响，以及青春偶像剧中演员华丽衣着的吸引，很多孩子觉得穿“名牌”、用“名牌”很有气质和品味，能够为自己装点儿门面，甚至有一种“我是有钱人”的骄傲心理。对此，父母应让孩子明白，心灵的美丽与充盈才是真正的魅力。同时，父母还应该对孩子进行一些美学方面的培养。比如：让孩子养成讲卫生的好习惯，以实现仪容美；引导孩子多看一些经典名著，以达到言辞美；督促孩子经常进行体育锻炼，或让孩子学习舞蹈、探戈等，以实现形体美；向孩子讲述一些社交礼仪的知识，包括坐姿、服装搭配、简单化妆等，以实现礼仪美。这些教育不是刻意的，而是潜移默化的熏陶与引导，这样不仅能够有效地疏导孩子，帮助他们淡化“名牌”意识，还能提高他们的审美意识。

第五，在经济压力可承受的范围内，给孩子适当地买一些“名牌”产品。

追求“名牌”也是孩子对美的一种追求。当孩子要求得到一些“名牌”产品时，在经济压力可承受的范围内，父母可以给孩子挑选一些质优价廉的“名牌”产品。父母不要把孩子的“名牌”需求全部否定，但前提条件是：孩子不是出于攀比心理，父母在经济上能够承受。

总之，孩子这种追求“名牌”的行为除了其自身因素外，同时也是社会风气、学校环境、家庭环境共同作用的产物。父母在充分理解与认识这种现象存在的情况下，注意以上的几个方面，相信孩子会有一些改变。

此外，在平常的生活中，父母可以有意识地让孩子了解家庭的收支状况，比如每月总收入多少，结余多少，都可以告诉孩子，让孩子来衡量自己家庭的经济能力。这样，孩子在追求“名牌”的时候就会有所权衡，不再盲目攀比。当然，父母也不要向孩子“哭穷”，因为这样容易使孩子产生自卑心理。在经济条件允许的情况下，父母可以帮助孩子挑选一些质优价廉的“名牌”产品。

父母还要及时帮助孩子杜绝虚荣心。说到底，虚荣心是一种不健康的心理。很多时候，越是不自信的孩子，虚荣心就越强。这时，孩子往往会用物质来展示自己的实力，以遮掩自己内心的自卑，所以孩子的虚荣心是一定要杜绝的。父母在帮助孩子杜绝虚荣心的时候，首先要让孩子明白虚荣心的危害。

刚上初中二年级的闵鑫是一个典型的“名牌”控，他喜欢打篮球，所穿的运动衣、运动鞋都是“名牌”，而平时用的电子产品，诸如MP3、手机、耳机等也都要“名牌”。在他读小学的时候，父母有时给他买普通的衣服时，他还能接受，但自从上了初中之后，他就“非名牌不要”，有时为了买一个“名牌”耳机，他甚至半个月都不吃早饭，然后把省下来的钱用来买耳机。为此，他的父母非常头疼，但怎么劝都不管用。

后来，闵鑫的妈妈打电话过来咨询我。我通过了解情况后才得知，原来在闵鑫还在很小的时候，父母给他买的很多东西，大多数是“名牌”产品，这才让孩子对“名牌”产生了信赖感，并养成了现在“非名牌不用”的习惯。于是，我便建议闵鑫的妈妈，可以先从让孩子了解自己的家庭经济状况开始，对他进行理财教育。

闵鑫的妈妈回去后，便找了一个机会与闵鑫进行交谈，并说：“爸爸妈妈不反对给你买‘名牌’的东西，但你要考虑到爸爸妈妈赚钱的能力。我看这样吧，这个月你来当管家，家里的收入与支出由你来掌管。”于是，妈妈便开始让闵鑫来管钱，并要求他记账。

但是，闵鑫在买东西时还是控制不住自己，第一个月就用妈妈的工资买了一个昂贵的耳机。这时，闵鑫的妈妈也不生气，只是对儿子说：“耳机不是必需品，而且更新速度很快，如果你手中的耳机能用，就没有必要换新的。还有，你在学校外的商店里买的耳机一定比市场价格高，因为这些商家摸准了你们这些孩子的需求，所以随意抬高了价位。”

第二天，闵鑫的妈妈便到超市去给儿子买回了一个一模一样的耳机，而价格便宜了大约一半。这一下，闵鑫终于心服口服。他对妈妈说："看来花钱也是一门学问啊，我以前只知道，只有'名牌'的东西才上档次，现在才知道，什么叫'物超所值'！"

这个案例又给了我们一个启示，那就是：面对孩子对"名牌"的追求，父母千万不能轻易缴械投降，但也没有必要过度地抵制孩子的消费欲望，或者用简单、粗暴的方式来教育孩子，因为这样会让孩子觉得父母根本不把自己当回事。所以，父母在教育孩子的时候，也要充分尊重孩子的心理需求，要知道孩子追求高质量的生活属于健康心理。父母只要引导孩子制定合理的消费计划，不要让孩子过度消费就可以了。

开启孩子的财富密码

财富密码是指一个人创造财富的素养和能力，是幸福生活的源泉。一个人的财富密码一旦被打开，他将会拥有富裕的人生。家长只有开启孩子的财富密码，孩子将来才会有出色的“创富”能力，才会有精彩灿烂的人生。就如何开启孩子的财富密码，本篇将介绍如下内容：

第一，立志要趁早，孩子理财也要趁早。

第二，“身教”重于“言传”，父母要起到榜样作用。

第三，当好“理财顾问”，让孩子有计划地管理金钱。

第四，教孩子学会存钱，懂得“投资”。

第五，让孩子懂得“开源”与“节流”。

第六，剖析常见的亲子理财教育误区。

第13课
立志要趁早，孩子理财也要趁早

让孩子学会理财一定要趁早，因为一个人越早开始理财，收益就越大。父母只有从小培养孩子的理财意识，通过教育不断提升他的理财能力，他将来的生活才会变得越来越好。

新东方学校的创始人俞敏洪曾经出版了一本书，书名叫《立志要趁早》，书中“立志要趁早”的观点引起了无数父母的共鸣。俞敏洪认为：“人生的快乐就是实践自己的理想，如果你在很小的时候就已经明白这个道理，立下这个志向，你的成长之路一定会很精彩，你的人生也会有很大的不同。因此，立志需要趁早。”我想说，立志要趁早，孩子理财也要趁早。

我们先举一个例子，假设有两个人进行保险“定投”，一个叫张三，一个叫李四。张三从20岁起，每月“定投”500元。假设年平均收益为10%，他投资7年就不再投入，然后让本金和获利一路增长。到了60岁退休时，张三的本利已经达到141万元。李四则从27岁开始投资，每月同样定投500元，年平均收益也是10%，但他一直投到59岁才累积到140万元，整整花了32年的时间进行持续投入。由此可见，张三和李四好比两个参加等距离竞走的人，张三提早出发，就可以轻松散步，而后出发的李四，只能辛苦追赶。所以，我们认为，让孩子学会理财一定要趁早，因为越早开始，收益就越大。尤其是这种“滚雪球”式的理财模式，开始得越早，效果就越好。

然而，很多父母在面对是否要对孩子进行理财教育这个问题时，却往往不愿接受“理财要趁早”的观念。他们认为，孩子现在这么小，对他进行理财教育有点儿早了。有的父母甚至认为，跟孩子谈钱，会让孩子从小就沾上“铜臭”味。所以，他们对这个话题，根本不屑一顾。

其实，随着生活条件的日益改善，对孩子的理财教育已经显得越来越重要，甚至是刻不容缓了。

我们先来看一个发生在北京的小故事。

十二岁的中国男孩明明，是北京一所小学里五年级的学生。美国男孩约翰也是十二岁，在北京的一所私立学校上学。在“六一”儿童节那天，父母会给孩子一些零花钱。明明的爸爸给了明明200元，而约翰的妈妈则给了约翰100元。

当天早上，明明从家出门。他先在早点摊上花了5元钱吃早餐，然后和小伙伴们一起去了商店。明明很快就看上了一件小礼品，于是他花了20元钱把那件小礼品买了下来，作为礼物送给自己。然后，明明又坐出租车到肯德基跟同学聚

餐，打车费花了15元，餐费花了30元。下午时段，明明给自己买了两本漫画书，花了30元。然后，明明花了15元坐出租车到离家不远的超市，买了一些零食，又花去30元。这时，明明只知道自己的口袋里还有剩余的钱，至于还剩下多少，他也懒得去数。当然，他压根儿就没有想过要把剩下的这些钱存到银行里去，只想着明天继续花。

而约翰呢？他一早起来，先在家里吃过早餐，然后坐公交车到学校去参加集体活动。下午时段，学校安排了野营活动，约翰也参加了，但所吃的食物都是从家里带的。大家经过一个商店，一块儿下车购物，约翰经过仔细挑选后，选择了自己很喜欢的一件小礼物，花了10元。约翰下午回家时，路过一家玩具店，他又花了50元买了一个很耐玩的玩具，以便将来自己不玩时还能卖掉。到家时，约翰发现天还早，于是又来到银行，把剩下的40元存入了自己的账户。约翰从四岁开始就拥有了自己的银行账户，并开始存钱。如今，约翰的账户上已经有两万多元了。对此，约翰非常自豪地告诉大家："等我长大后，这些钱将成为我上大学的费用。"

从上面的这个案例中，我们不难看出，中国孩子和美国孩子的差异，主要源于父母是否对孩子进行财商教育。如今，有不少父母对孩子的财商教育已经越来越重视，其目的就是通过财商教育，使孩子能够尽早拥有理财的观念，为今后的"创富"之路打好基础。培养孩子理财的能力要趁早，一般来说，十二岁以前是培养孩子理财能力的黄金时期，所以父母要尽早做好准备。

下面，我们再来看看富勒是如何实现自己的财富梦想的。

富勒小时候，家中有七个兄弟姐妹。虽然家里很穷，但他的父亲不想着努力改变家庭的经济状况，却整天沉迷于酒色之中。富勒从五岁开始工作，九岁时就会赶骡子。富勒的家里虽然很穷，却有一位很了不起的母亲。她经常鼓励富勒，希望他从小就拥有自己的财富梦想，并说："我们不应该这么穷，不要说贫穷是上帝的旨意。虽然我们很穷，但绝不能怨天尤人，那是因为你爸爸从未有过改变贫穷的欲望，胸无大志，安于现状。"母亲的这些话，一直深埋在富勒的心中，于是富勒开始努力追求财富。

很多年后，富勒接手了一家被拍卖的公司，并且陆续收购了七家公司。而富勒在谈到自己成功的秘诀时，还是用多年前母亲的话来回答："我们很穷，但绝不能怨天尤人。"在每次受邀演讲时，富勒更是充满自豪地强调："虽然我不能成为富人的后代，但我可以成为富人的祖先。"

从富勒的故事中，我们能够明白这样一个道理：富勒之所以能够成功，与他母亲的对他的财商教育密切相关。

说到财商教育，我们不得不提犹太民族。犹太民族号称是这个世界上最会赚钱的民族，并且特别重视财商教育。他们认为，拥有商业头脑是一种基本的生活技能，是每个人必备的生存技能之一，所以他们的精明并不都来自天分，财商教育功不可没。

例如，在犹太孩子刚满周岁的时候，犹太父母一般会把股票当作礼物送给孩子，这是犹太家庭的惯例。犹太孩子的第一份生日礼物是股票或基金，是不是很不可思议？

等到孩子三岁的时候，犹太父母就会教他们辨认纸币和硬币；四岁的时候，孩子要学会用钱购买简单的用品，如画笔、本子等；五岁的时候，他们要弄明白“金钱是靠劳动得到的报酬”，并进行合理的交换活动；六岁的时候，孩子要开始学习攒钱，培养“自己的钱”的意识；七岁时，孩子要学会看懂商品价格的标签，确认自己的购买能力；八岁时，孩子要懂得在银行开户存钱，并且想办法自己挣零花钱，比如通过卖旧报纸或空瓶子获得报酬；九岁时，孩子要学会制订简单的开销计划，购物时知道比较价格；十岁时，孩子要懂得省钱，把钱留着大笔开销时使用，比如买溜冰鞋、滑板车……就这样，在一点一滴的财商教育中，犹太人创造了整个犹太民族的财富神话。

总而言之，孩子理财要趁早。孩子越早开始，效果就越好。

第14课

“身教”重于“言传”，父母要起到榜样作用

在理财教育方面，“身教”比“言传”重要得多，因为孩子会学习，会模仿。父母要起到榜样作用，增强“身教”力度。

古语有云：“其身正，不令则行；其身不正，虽令不从。”这句话的意思是：“当管理者自身端正，作出表率时，不用下命令，被管理者也会跟着行动起来；相反，如果管理者自身不端正，而要求被管理者端正，那么，纵然三令五申，被管理者也是不会服从的。”这里说的就是“言传”和“身教”之间的关系，而且强调“身教”重于“言传”。

我记得以前读过一个叫《曾子杀猪》的故事。故事讲的是，曾妻要上街，小儿子哭闹着也要跟着去。曾妻便哄儿子说：“你回去等着我回来，我回来后杀猪给你吃。”曾妻说完就独自走了。没多久，她从街上回来，看到曾子真的把猪杀了。她说：“我只不过是跟孩子说着玩的。”曾子回答：“和小孩子是不能开这种玩笑的。孩子年幼无知，处处都会模仿大人，听从大人的教导。今天你欺骗

他，就是教他学你的样子出去哄骗他人。做母亲的欺骗自己的孩子，那孩子就不会相信自己的母亲了。这不是教育孩子的好方法。”

这个故事是否真实，我们无法考证，但这个故事却告诉了我们“身教”在家庭教育中的重要性——“身教”重于“言传”。因此，父母在孩子面前要特别注意自己的行为，不能一味地只讲道理，还必须做出表率，起到榜样作用。父母要通过自身良好的行为习惯在潜移默化中影响孩子。不讲粗话、热爱学习、知书懂礼的父母更能教出拥有正能量的孩子。

在当代，就“身教”方面，“童话大王”郑渊洁可以说是做到了极致。他经过自身的实践之后，总结出了自身对“身教”的独特的看法。

很多父母有了孩子后，总是把所有的希望都寄托在孩子身上。而我有了孩子后，则把所有的希望寄托在自己身上。1983年，当我的孩子出生时，我只是一个连小学都没毕业的草根，既没有名气，又没有任何的成就。但是，当我看到自己的孩子出生后，我就把所有的希望都寄托在自己身上。

我认为，合格的父母的标志是：把为家庭创造荣耀的重担让自己来挑，给孩子构建一个轻松、惬意的环境。不合格的父母的标志是：把为家庭创造荣耀的重担让孩子来挑，自己则不思进取。我当然想要做合格的父母，所以，从孩子出生的那天起，我就开始玩命地写作，希望通过自己的奋斗来改变人生，影响孩子。

在孩子两岁的时候，我创办了第一本杂志——《童话大王》，每一期月刊的内容全部都由我自己来写，这是古今中外从来没有过的。我当着孩子的面，把这个月刊写了二三十年。而我之所以这样做，就是为了给孩子做好榜样，让他看到父亲是如何通过自己的努力，将一个一贫如洗的家变得富有的。

所以，你有了孩子之后，一定要让孩子目睹你白手起家，创造辉煌的全过程，这才是真正的教育。到头来，你会发现这是一箭双雕的事情——你成功了，孩子也成功了。

童话大王郑渊洁的一番话，道出了“身教”大于“言传”的真谛。其实，父母对孩子进行理财教育也是如此。但是，在实现生活中，很多父母在教育孩子时，往往重“言传”而轻“身教”。当然，这些现象之所以屡见不鲜，也不难理解，毕竟“言传”只是嘴上的功夫，只要动一动嘴皮子就可以，而“身教”却是一个漫长的过程。所以，很多父母在教育孩子时，只好在“言传”上下功夫了。这样的教育方法，往往无法达到预期的效果，甚至还会起到相反的作用。

所以，父母想要让自己的教育方法在孩子的身上产生良好的效果，自己首先要以身作则，这可以说是一切家庭教育最重要的原则。对孩子进行理财教育，更需要这样。例如：父母想要帮助孩子树立正确的金钱观，自己首先要端正态度，要对金钱有一个正确的认识；父母要想让孩子学会节俭，自己首先要杜绝奢侈之风；父母要让孩子把钱存起来，那么自己每个月领薪水时，就要把应该存起来的那部分钱存到银行里。孩子是通过观察父母的言行来学习的，如果父母只在嘴上告诉孩子“钱并不是一切”，却在平常的生活中“用金钱去衡量一

切”，那么孩子肯定会大惑不解；或者父母告诉孩子，人要通过自己的努力，才能过上幸福的生活，但自己面对一贫如洗的家时，却整天不思进取，那么孩子同样不明白父母到底要他做些什么。

所谓的“身教”，其实还包括很多。父母只要用心，就会发现生活中的点点滴滴，都可以成为“身教”的例子。比如，家里的某个电器坏了，有心的父母不会把这个电器扔掉，然后买一个新的，而是尝试着去维修。如果修好了，就继续用；实在修不好，再考虑买新的。而在这个过程中，如果父母让孩子看在眼里，那么孩子心里会想：“爸爸妈妈真会过日子！他们勤俭节约，从来不乱花钱，我也要像他们一样才行。”

又比如，看过的废报纸或者旧杂志，父母不要一看完就随手扔掉，而要攒起来，等攒到一定的数量之后，再对孩子说：“给小区服务站的叔叔打个电话，把这些废品卖了吧，还能换到一些钱呢！”这样，孩子就会知道什么叫“废物利用”，甚至可以“变废为宝”。时间一长，孩子就会发现，生活中赚钱的机会其实还有很多。

这些事例无非是要告诉父母，自己要起到榜样作用。那么，在孩子理财教育方面，父母应该如何起到榜样的作用呢？以下两点建议希望对广大父母有所帮助。

首先，父母自己要养成有计划、理性消费和勤俭节约的生活习惯，在家中营造良好的生活氛围。

现在的生活条件变好了，很多人做事讲究排场，这在无形中会影响到孩子。父母要知道，孩子是很容易受他人影响的。父母的消费习惯、理财方式和对金钱的态度，都会对孩子产生巨大的影响。所以，父母要养成有计划、理性消费等习惯。家中的一切物品，尤其是孩子的衣物、玩具和学习用品等，都要有计划、按需要来添置，而不是一时冲动，根据自己或孩子的想法去购买。

在生活中，父母要爱护所购的物品，勤收拾，常整理，不轻易丢弃东西。父母这样做，孩子也会有意识地模仿。父母如果长期坚持，就会在孩子的心里种下勤俭节约的种子。

父母的行为对孩子的影响是长期的、间接的，因此，父母还需要直接给孩子灌输勤俭节约的理念。当孩子不理解时，父母不要着急告诉孩子，而要让他自己慢慢去领悟。父母可以结合身边一些真实的案例，让孩子对节约有更深刻的理解。

其次，父母要教会孩子一些基本的理财技能。

父母除了要培养孩子基本的理财观念和正确的消费观念，还要有意识地培养孩子一些基本的理财技能。比如，父母要教会孩子记账、制订合理的支出计划、学会储蓄等。

父母要教孩子把节省下来的钱积攒起来，以备不时之需。储蓄是教育孩子理财的一个好方法，把平时的硬币投入到储蓄罐里，积少成多，孩子不但会有成就感，而且会养成储蓄的好习惯。

父母还要教会孩子制定合理的支出预算与支出计划。父母要定期给孩子固定的零花钱，做到超支了不另外给予补贴；反之，如果孩子节约了，会有适当的奖励。这样，就容易让孩子养成良好的理财习惯。

第15课 当好“理财顾问”，让孩子有计划地管理金钱

学习是孩子的终身大事，理财也是孩子的终身大事。当好孩子的“理财顾问”，父母责无旁贷。通过“5W金钱管理模式”，父母可以培养孩子“对小金钱的大意识”，有利于孩子学会管理金钱，使他们受益终生。

如果父母发现孩子偷拿了自己的钱，那该怎么做？我们先来看下面的咨询案例。

有一天，妈妈发现自己的几十元钱不见了。妈妈问两个女儿是否拿了钱，她们都说没有拿。妈妈觉着不对劲儿，就背着孩子到处找，结果在一个花盆里找到了丢失的钱。

当天晚上，妈妈把藏着钱的花盆端到姐妹俩的面前，并严肃地对她们说：“这钱是哪来的？你们今天晚上要说不明白，都会挨打的！”结果，姐妹俩都说：“不知道！我们没拿过钱。”妈妈气坏了，揪一个打一个，打了老大又打老二。孩子的爸爸也气坏了，单独向老大、老二询问，姐妹俩还是说：“我们没有拿过钱，这钱不知道是谁放的。”爸爸气得脱下鞋来，把每个人打了一顿。

父母回忆当时打孩子的感觉，说道：“我们真是又气又恨又心疼，心里很不是滋味。与其说是在打孩子，倒不如说是在打自己，就好像每一下都打在自己的心上。”父母打完孩子，晚上躺在床上翻来覆去，睡不着觉。后来，妈妈起床，悄悄地推开了孩子的房门，见姐妹两个都趴着睡着了，但泪痕还在她们的脸上。妈妈便慢慢地掀开被子用热毛巾给她们擦洗。这是一种什么感受呢？

后来，姐妹俩虽然承认了钱是她们拿的。但有一个星期，她们不敢正视父母，不愿跟他们说话。

孩子的妈妈非常苦恼，于是来找我寻找对策。我听到这位妈妈的申诉时，便问她：“钱是不是经常放在孩子看得到的地方？你自己有没有管理好钱财？她们拿了多少钱，总共拿过多少次，这些细节你都清楚吗？”结果得知，这位妈妈经常把钱放在很显眼的地方，例如，她会把钱放在桌上及电视柜上，有时候还会放在购物袋里。至于拿钱的数目及次数，这位妈妈支吾半天，回答不清。

这位妈妈十之八九不善理财。钱到处乱放，这说明她是一个对金钱态度比较随便的人。正因为钱这么容易拿到手，而且每次只拿一点点，妈妈应该不会发现，孩子抵挡不住金钱的诱惑，明知故犯就成为不可避免的事情了。就这种情况，这位妈妈至少要负上一半的责任。难道不是吗？

在小朋友的认知里，有钱等于有力量。比如，有钱可以请朋友吃糖果，可以买心爱的玩具和朋友一起玩，可以买喜欢的文具和同学一起用。孩子渴望被认同，被肯定，被接纳。对于金钱的魅力，莫说是大人，就连小孩子，只要感受一两次，便食知其味。所以，钱要放在孩子看不到的地方才行。父母就金钱做好妥善管理，是十分重要的事情。

不同的父母给孩子零花钱的方式不大一样。有的父母是在每周或每月的固定时间内给孩子零花钱，有的父母在孩子开口要钱时才会把零花钱给他，有的父母则会根据孩子的表现来给孩子零花钱。不管哪一种情况，我们都不能说它们有绝对的优势或劣势，只要父母和孩子都认同便可。但无论如何，基本的大原则是：让孩子拥有某种程度的“使用权”。孩子也有交际圈，也有属于自己的一片天空，偶尔也会跟好朋友一起去吃冰淇淋。他们各自买图书及玩具，并交换看或交换玩。遇到这些情况时，孩子身上没有可以自由支配的零花钱，就没办法跟其他小朋友交际及玩耍，甚至会被人排斥。对孩子来说，跟小朋友一起玩耍，比什么事情都重要，因此父母应该适当地给孩子一点儿零花钱。

对孩子的用钱方式，父母不应多说多管。交给孩子全权处理的零花钱，父母就不该从旁干涉。孩子买书、买糖果、买玩具等，父母都不应该多加干涉。如何让零花钱发挥最大的效用，就是要让孩子在使用的过程中去思考。或者因为买文具而没有糖果吃，又或者因为买糖果而没有新的文具用，一切都应由孩子自己来决定。

我也认识另一位优秀的妈妈，她向我介绍了自己给孩子当“理财顾问”的成功经历。

暑假后，女儿就要上小学了，整个假期她都沉浸在一个“准小学生”的欢乐中。当别人问起她在哪个幼儿园上学时，她赶紧纠正说：“不！我都到小学报名了，马上就上小学一年级啦！”女儿的得意之情溢于言表。可贵的是，女儿为上学做的那些思想上的准备，令人刮目相看。

在女儿上小学前，有些东西需要购买。一天晚上，我正跟女儿的爸爸商量，没想到旁边的女儿却有了自己的主张——要通过干家务活来挣钱，然后用自己挣来的钱买自己需要的东西。这正中我的下怀！她的理由还挺充分：“我现在挣爸爸妈妈的钱，长大后再挣别人的钱。”

为避免“一切向钱看”，而且也为了以后的“平稳过渡”，我和她来了个“君子协定”：上学前女儿干自己的活儿也能得到报酬；上学后女儿只能做家里的事才有奖赏，而且是在个人的事情必须做好的前提下。

铺床叠被，收拾饭桌，擦写字台，每隔两天给鱼缸里的鱼换水加食……我把女儿要做的事情一一列出，并张贴在墙上，她自己按照列表执行。每项任务完成后女儿都会得到不同数量的奖励。只要女儿做到了，我就在表上做记号。两个月实践下来，我感觉非常成功。主要成果如下：

1. 不随便吃零食了。

以前，女儿一见零食就想要，到了商店腿就迈不动了。现在，女儿要用自己的钱买，“惜钱”了，“馋”劲儿明显下降。

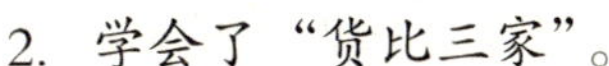

2. 学会了“货比三家”。

尽管她还不会讨价还价，但还是有一定的鉴别力。她会对比价格，而不是像以前一样，“尽挑好的”。

3. 初步领会了“粒粒皆辛苦”的含义。

女儿毕竟年纪小，经验和体力有限，干起活来经常是出力不出工，费力不讨好。比如，她洗一双袜子就要费很大工夫，她知道挣钱不容易，由此产生了节约意识，花钱就“小气”了很多。

4. 有了劳动光荣的自豪感。

以前总是听大人们谈论收入、工资、奖金，她现在也不甘示弱，开始关注起自己的“工资”和“奖金”，为自己能“挣钱”而自豪。她还信誓旦旦地要把自己的“蛋糕”做大——每周末要打扫一次整个单元楼道。

劳动会促进劳动者不断地思考。从反复的劳动实践中，女儿学会寻找解决问题更好的方法。随着孩子年龄的增长，我还会增加女儿的各种有偿劳动时间，让她循序渐进地学好“理财”这一人生必修课。

这位妈妈通过让女儿“有偿劳动”的方式，有意识地让女儿自己管理金钱，值得我们大家学习。

提到“让孩子自己管理金钱”，我们不得不提洛克菲勒家族的“洛氏零花钱备忘录”。

洛克菲勒家族是世界上第一个拥有10亿美元财富的美国富豪家族。尽管这个家族富甲天下，但他们从不在金钱上放任孩子。洛克菲勒家族认为，富裕家庭的子女比普通人家的子女更容易受到物质的诱惑。所以，他们对后代的要求反而比常人更加严格。

我们从“洛氏零花钱备忘录”中就能感受到这个家族对孩子的严格家教。“洛氏零花钱备忘录”是约翰·洛克菲勒小时候与父亲“约法三章”所衍生出来的。在我们看来，这些备忘录非常“苛刻”，基本情况如下：

每周给零花钱1.5美元，最高不得超过2美元。每周核对账目，要记清楚每笔支出的用处。领钱时要交父母审查，钱数和账目要清楚。用途正当，下周增发10美元，反之则减。

以下是“洛氏零花钱备忘录”的具体内容。

1. 从5月1日起约翰的零花钱起始标准为每周1.5美元。

2. 每周末核对账目，如果当周约翰的财务记录让爸爸满意，下周的零花钱上浮10美元。

3. 如果当周约翰的财务记录不合规定或无法让爸爸满意，下周的零花钱下调10美元。

4. 在任何一周，如果没有可记录的收入或支出，下周的零花钱则保持本周水平。

5. 如果当周约翰的财务记录符合规定，但书写和计算不能令爸爸满意，下周的零花钱则保持本周水平。

6. 爸爸是零花钱水准调节的唯一评判人。

7. 至少有20%的零花钱用于公益事业。

8. 至少有20%的零花钱用于储蓄。

9. 每项支出都必须清楚地记录下来。

10. 在未经爸爸、妈妈或斯格尔思小姐（家庭教师）的同意下，约翰不可以购买商品，并向爸爸、妈妈要钱。

11. 如果约翰需要购买零花钱使用范围以外的商品时，约翰必须征得爸爸、妈妈或斯格尔思小姐的同意，并给约翰足够的资金。找回的零钱和收据必须在商品购买的当天晚上交给资金给予方。

12. 约翰不得向任何其他家庭教师、爸爸的助手或他人要求垫付资金（车费除外）。

13. 对于约翰存进银行账户的零花钱，其超过20%的部分，爸爸将向约翰的账户补加同等数额的存款。

14. 以上零花钱公约细则将长期有效，直到签字双方同时决定修改其内容。

洛克菲勒家族通过这种办法，使孩子从小养成不乱花钱的习惯，学会精打细算、当家理财的本领。他们家族的孩子在成年后都成了经营能手。

父母应该怎样更好地培养孩子的金钱管理能力呢？以下介绍的“五W金钱管理模式”也许对大家有所启发。

第一，为什么要买？（why）

如果孩子说不出要买的理由，父母一定要加以限制，必要时可给予惩罚。这里说的惩罚不是训斥或责骂，而是减少零花钱的数额。孩子大多会心疼自己的钱，父母不妨一试。需要注意的是，父母的态度要始终如一，否则会前功尽弃。

第二，买什么？（what）

父母要让孩子拥有自由支配零花钱的权利。孩子买什么，父母不要干涉过多。因为孩子年龄小，所以父母要限制孩子自己购买物品的范围，明确什么东西能买，什么东西不能买。

第三，什么时间去买？（when）

父母应向孩子说明，要按活动的重要性来安排购物的时间，不能影响其他工作。如果孩子需要和父母一起去购物，也要等到父母有空的时候。父母要让孩子知道，不能一切都以孩子为主，要让孩子学会等待。

第四，到什么地方去买？（where）

一般来说，消耗性的小物品，比如铅笔、作业本、小贴画等，可以到小市场去买。对孩子来说，“名牌”商品和普通商品没有什么区别，孩子之间不应为此互相攀比。但是，父母要告诉孩子，千万不能为了贪便宜而到小商贩的摊上去买食品，尤其不要在校门口的路边摊上买吃的东西，以保证饮食安全。

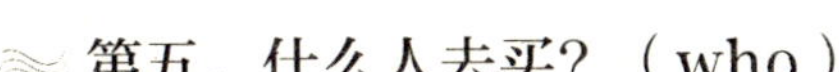

第五，什么人去买？（who）

父母要跟孩子讲明，因为年龄太小，孩子暂时不能单独到离家远的地方去购物，最好由父母或其他熟悉的大人陪同前往。当然，如果是家附近的商场或超市，则可以放手让孩子自己去买。另外，给孩子多少零花钱，多长时间给一次，违反原则怎样惩罚等，都要事先向孩子说清楚。如果孩子能学着记账，详细记录支出的内容，父母要给予鼓励。若花钱得当，父母也可以考虑酌情给予奖励。

在“五W模式”中，父母与孩子之间充满了沟通与互动，这种沟通与互动既能传输父母的想法，又能及时了解孩子的思维动向，有助于孩子对金钱的思索，培养了他们“对小钱的大意识”，有利于孩子学会管理属于自己的零花钱，使他们一辈子受益。我们希望父母通过生活中的金钱管理，培养孩子树立正确的金钱观念和理性的消费习惯。

第16课

教孩子学会存钱，懂得“投资”

一个人如果没有良好的存钱习惯，他的很多计划都会变得毫无意义。让孩子学会存钱，离不开父母的耐心指导。

现在社会流传着这样一句经典的话：“你不理财，财不理你。”而在众多的理财项目中，最重要的一项就是“储蓄”，也就是我们平常所说的“存钱”。

我们先来阅读下面的故事。

美国斯坦福大学有个叫默巴克的学生，父母都是小职员。因为家境不好，兄弟姐妹较多，所以他在生活上很拮据。但是，他学习很刻苦，每年都能拿到奖学金。为了能帮父母减轻经济压力，默巴克就在学校里勤工俭学，从事一些简单的劳动，如收发信件、修剪草坪等。后来，他又包下了打扫学生公寓的工作。

有一次，他在打扫学生公寓时，在墙脚、沙发缝、

床铺下等地方扫出了许多沾满灰尘的硬币。他将这些硬币还给同学们时，同学们却都不屑一顾，说道："这几个硬币装在钱包里，买不来多少东西。这些硬币都是我们故意扔掉的。"

默巴克觉得不可思议，便给财政部与银行总部分别写了一封信，将同学们乱扔硬币的事情反映上去。不久，他收到了财政部的回信，信中说："每年有310亿美元的硬币在全国市场上流通，但其中的105亿美元的硬币，被人随手扔在墙角或沙发缝里。它们在那里睡大觉！"他吃惊不已，心想："如果能让这些硬币流通起来，那利润应该非常可观啊！"

大学毕业后，默巴克便成立了一家名叫"硬币之星"的公司，推出了自动换币机。只要顾客将硬币投进机器，机器自动点数后会打出收条，顾客凭借收条就可到超市的服务台领取现金。自动换币服务收取约9%的手续费，所得利润由超市与公司按比例分配。五年间，默巴克的"硬币之星"公司在美国8 900家超市设立了10 800台自动换币机，并成为纳斯达的上市公司，而默巴克也因此成为亿万富翁。由此，他被人们称为"由一美分垒起的大富翁"。

一美分都能成就亿万富翁，大家是不是觉得很不可思议呢？这就是储蓄的力量。从这个故事中，我们可以得出这样一个结论：不要小看那些零零散散的"小钱"，天长日久，日积月累，"小钱"也能变“大钱”。

存钱不仅能让钱升值，还蕴含着一个人的财富观。

父母在引导孩子存钱的时候，不妨从孩子们最喜欢的“小猪扑满”开始。

每个人的童年记忆里都有一个“小猪扑满”，它见证了自己童年时期的往事。而大多数的孩子，就是从这里开始学习理财的。

那么，父母应该如何通过“小猪扑满”对孩子进行理财教育呢？父母首先要告诉孩子这样一个问题：我们为什么要存钱？有些父母不向孩子讲明白存钱的意义，导致孩子误以为钱攒得越多越好，一味地追求数量，甚至一看到大人钱包里有硬币，就迫不及待地拿过来放进“小猪扑满”或存钱罐里。这样一来，不仅违背了存钱的初衷，而且容易使孩子变得贪心，即我们常说的“财迷心窍”。因此，父母鼓励孩子用“小猪扑满”或存钱罐存钱时，要端正孩子的思想——存钱不仅仅是为了攒下更多的钱，也不是单纯地为了买自己喜欢的东西，而是以备不时之需。

美国《纽约客》杂志的专栏作家戴维·欧文，曾写过一本畅销书，书名叫《第一家爸爸银行》，书中的内容完全来自他教育孩子的经验。他这样写道：“当孩子有了可支配的钱，他可能会犯一些错误，然后从中学到理财的经验。父母应该告诉孩子，在他花钱之前，一定要弄明白这样一个问题：什么才是真正有价值的东西？”从戴维·欧文的这段话中，我们不难看出，他是在用心教孩子，所以他才能从孩子所犯的错误中总结出对孩子的成长更有帮助的经验。所以，父母在引导孩子存钱和花钱时，要让孩子懂得：哪些情况可以花这些零花钱，哪些情况不能随便支出。

新加坡作家尤今女士，在对孩子进行理财教育方面，也有很多值得我们学习和借鉴的地方。尤今育有三个孩子，而且对他们都十分疼爱，但为了能够给孩子们一个富裕的未来，她只好扮演起了“严母”的角色。以下是关于她教育孩子的故事，能给我们一些启发。

有一次，上小学一年级的大儿子问她要了10元钱，说是要买作业本。但是，孩子拿到钱后，并没有真的拿去买作业本，而是私自把钱存起来了。尤今知道后，便把儿子狠狠地训斥了一顿。好心的朋友知道这件事后，就劝她说：“不就是10元钱吗？孩子并没有乱花钱，反而在帮你存钱。”

尤今听后却满脸认真地回答：“我之所以这么教训他，是想让他懂得这样一个道理：即使是存钱，也是有底线的。”

这件事看起来很简单，但实际上却告诉我们一个很重要的道理，那就是：父母在引导孩子存钱时，一定要设立合理的规则与底线。毕竟天底下没有不犯错的孩子，当孩子为了钱而撒谎时，父母就应该及时纠正他的错误行为，除了讲道理，更要摆事实，让孩子在心中真正建立起规则，提高自己的自制力。

当然，父母对孩子的教育，也不宜采用粗暴的手段，因为这样不但解决不了问题，还会让孩子产生敌意、愤怒等不良情绪。正确的做法是：先接纳孩子，然后心平气和地教育孩子，指出他哪里不对，即便是批评，也要把握好分寸，让孩子明白自己的良苦用心。

父母都有给孩子零花钱的习惯，很多孩子上幼儿园时就有零花钱。随着生活水平的不断提高，孩子的零花钱也水涨船高，再加上过年时长辈给的压岁钱，这样一来，有些孩子便成为了名副其实的“小富翁”。然而，孩子的零花钱多了，问题也就多了，比如乱买零食、逛网吧、玩电子游戏等。对于这些问题，很多父母也很纠结，不知道怎么做才是对的。父母担心给孩子的零花钱少了，怕孩子在同学面前抬不起头；给多了，又担心孩子乱花钱。

其实，这个问题并不难解决，父母只要引导孩子把钱存起来就可以了。无论何时，孩子身上所带的钱，只要能够满足日常的开销就可以了。其他多余的钱，则全部存起来。父母可以给孩子建立一个账户，让孩子自己管理。孩子明白了储蓄的意义之后，自然也就拥有了正确的消费观，知道什么时候该花钱，什么时候不该花钱。

下面，我们再来看看理财师刘彦斌是怎样对自己的儿子刘士嘉进行理财教育的。

刘彦斌曾这样说过：“教孩子理财，就是教会孩子过日子。”早在儿子刘士嘉还很小的时候，刘彦斌就开始向他灌输这样的观念：“想要买到好的玩具、漂亮的衣服等东西，就一定要有钱，因此你要自己学会赚钱。”在孩子九岁时，他就每月给孩子300元零花钱，并让孩子开始学着记账，而且不管买什么东西，都应事先制定出一个消费计划。结果，到了第二年时，儿子刘士嘉就有了自己的银行卡和基金账户。

看到这里，可能有父母会提出疑问："给孩子这么多零花钱，岂不是纵容他乱花钱？还没上大学就有自己的基金账户，这样会不会对孩子的成长更不利？"其实，这正是存钱的意义所在。只要父母能够引导孩子，帮助他树立正确的消费观念，指导他及早进行尝试与实践，让他有自己的消费计划，这样不仅能锻炼他的思维能力与运算能力，而且有利于他的健康成长和今后的发展。

其实，存钱不但能够做到"以备不时之需"，而且可以"让钱生钱"。但是，如果把钱全部存起来，也不太现实，更不符合赚钱的初衷。因为赚钱就是为了花钱，而且只有让钱"流动"起来，才能使钱不断增值。所以，父母应该根据家庭的实际情况，以及孩子的性格特点，有计划地引导孩子支配自己的零花钱，进行小额消费，并按时记账。在这个过程中，父母要多给孩子一些鼓励，用欣赏与赞美的眼光看待孩子的理财行为。哪怕他犯了错误，父母也要先接纳他，然后再帮助他改正错误。

教会孩子存钱是一件非常快乐的事情。父母要与孩子形成良性互动，既不要强制性地限制孩子的消费行为，也不要让孩子任意挥霍。只有这样，孩子才能在实践的过程中，学会真正意义上的理财。

我们再来看一看下面的咨询案例。

安琪是一个性格开朗的女孩，今年刚上小学二年级，学习成绩非常优秀，还是数学课代表。但是，安琪有一个缺点，就是喜欢乱花钱，存钱罐里的硬币根本存不住。尽管父母经常提醒她，但她根本听不进去。

有一次，她又把存钱罐里的硬币都花了，买了两对发卡和一包贴画，妈妈知道后十分生气，便问她："你买这些东西有用吗?"安琪回答："我知道没什么用，但看到别的同学买，我也就跟着买了!"妈妈听了，觉得好气又好笑，但又无可奈何。于是，安琪的妈妈找到我，向我述说了她的苦恼。我给了她一些切实可行的建议。她也听从了我的建议调整了自己对女儿的引导策略。

妈妈告诉安琪，如果每周能保证存钱罐里的零花钱有剩余，那就奖励给她3元钱。同时，每次出去购物时，她都有意识地引导女儿，不管买什么东西，都要从自己的实际需求出发。要看这件东西对自己有多大用途再决定买还是不买，同时要分清哪些东西是必需品，哪些东西可以延迟购买。比如，安琪想买一个画板，但那个东西价格比较贵，而且不是当时就必须买。于是，妈妈就告诉她，每天存多少钱，需要存多少天就可以买到它。过了一段时间，安琪就改掉了乱花钱的毛病，而且还养成了主动存钱的好习惯。

从这个案例中，我们可以看出，教会孩子存钱，离不开父母的耐心指导。所以，父母应该结合家庭的实际情况，帮助孩子建立起明确的消费计划和储蓄计划。当然，父母的方式或方法也是需要讲究的，因为如果方式不对，方法不正确，再好的事，也可能会变成坏事。

这里，父母可以借鉴美国教育家尼尔·戈弗雷提出的一个方法——引导孩子把零花钱放到三个罐子里。第一个罐子里的零花钱

用于日常开销，购买生活“必需品”；第二个罐子里的零花钱用于短期储蓄，比如，为购买“芭比娃娃”等较贵重的物品积攒资金；第三个罐子里的钱则长期存入银行。在帮助孩子建立个人账户时，父母可以直接把孩子带到银行去，并教会孩子如何开户、存款、提现等，让孩子能够更加直观地了解储蓄的过程。当孩子看着自己存折上的存款数目越来越多时，相信他会对储蓄这种理财方式越来越感兴趣的。

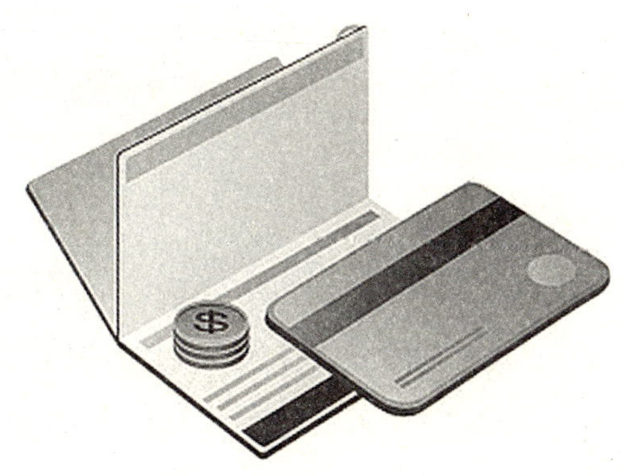

第17课 让孩子懂得“开源”与“节流”

“开源”与“节流”是积累财富的重要手段，也是理财教育中的两块金砖，能为孩子今后走向社会奠定良好的基础。但是，“开源”远比“节流”更重要，因为“开源”是主动理财，而“节流”则是被动理财。

“开源”与“节流”这两个词语，最早出自战国时期著名的思想家荀子的《国富篇》：“百姓时和，事业得叙者，货之源也；等赋府库者，货之流也。故明主必谨养其和，节其流，开其源，两时斟酌焉，潢然使天下必有余，而上不忧不足。如是，则上下俱富，交无所藏之，是知国计之极也。”这段话的意思是说：“百姓顺应时节耕作，事业有了一定的秩序，是财货的源泉；按等级收取赋税充实库府的，是财货的支流。所以，君主必然谨慎地修养其和顺，节制支流，开拓其源，而且随时斟酌情况，又深又广地使天下有积余，君主就不会忧虑了。如果这样做，那么上下都能富裕，百姓上交的东西也没有地方收藏，这

是最懂得国计民生的方法。”简言之：想要让国家富强，就需要增加收入，节省开支。对国家来说是这样，对家庭来说，就更是如此了。

那么，作为父母，我们应该怎样让孩子在理财方面做到“开源”与“节流”呢？在这一点上，华人著名企业家李嘉诚已经给我们大家做了一个很好的榜样。

李嘉诚在自己的两个儿子李泽钜、李泽楷还很小的时候，就开始有意识地培养他们的独立性，并没有因家庭富裕而放纵他们。他经常告诉他们，自己当年创业时，就像在岩石夹缝中生长起来的小树，所以希望他们也能自强自立，独立面对各种困境。

后来，李泽钜、李泽楷在美国上大学时，李嘉诚又鼓励他们勤工俭学。大学毕业后，兄弟二人本想回到李嘉诚的公司发展，但李嘉诚断然拒绝了他们。于是，李泽钜和李泽楷只好自己打拼。最后，这两个孩子终于自立门户，一个创办了一家房地产公司，另一个则成为多伦多银行最年轻的合伙人。

从李嘉诚教育两个儿子的故事中，我们不难看出：是否培养孩子的独立精神与节俭观念，与家庭是否有钱并无关系。从表面上看，让孩子勤工俭学，能让他们懂得劳动的意义，但从实际上看，这能为他们今后走向社会打下坚实的基础。所以，让孩子付出劳动，实际就是让孩子在不知不觉中学会“开源”与“节流”。

那么，父母具体应该怎么做呢？刚开始时，父母可以根据孩子的年龄，给孩子安排一些他能力所及的家务事，比如擦桌子、扫地、洗碗等；等孩子上小学后，父母还可以鼓励孩子积极参加学校里的各项活动，以及一些社会公益活动；孩子上中学后，父母就可以鼓励他们出去打工，定期到养老院去做义工。这样做，既能锻炼孩子的能力，磨炼孩子的意志，改掉孩子“衣来伸手，饭来张口”的习惯，同时还可以培养他们的节俭观念，进而更好地做到“开源”。

然而，很多父母往往有一个错误观念，以为让孩子通过劳动赚钱就是“开源”。为了帮助孩子赚更多的钱，父母们甚至以让孩子多做家务事的方式，给孩子更多的报酬，以此作为奖励。这个方法看起来好像很聪明，因为这样一来，既可以减轻父母的工作量，又可以让孩子通过劳动来赚钱。但实际上，这种看似很明智的方法，不但收不到预期的效果，反而助长了孩子的私欲。于是，父母们开始抱怨：“这孩子真是太不懂事了，不能体会我们的良苦用心，只要让他帮忙做些家务事，还没开始动手，他就先跟我们谈价钱……”然而，孩子似乎更有理：“我帮你们做家务，你们给我钱，公平公正，那不是天经地义的事吗？”其实，孩子之所以说出这种歪理，不是孩子不懂事，而是父母在奖励孩子时，没有把事情讲清楚，让孩子误认为父母和自己是“主雇关系”。既然是“主雇关系”，孩子理所当然就是给钱就做，不给钱就罢工了。

其实，为了鼓励孩子参与家务事，父母给予孩子一定的金钱奖励是可以的。问题的关键在于：父母在给孩子金钱奖励时，一定要向孩子说明情况。作为家庭的一个成员，谁都有义务去做家务事。

父母之所以给他钱，只是一种对他的积极表现的奖励，并不是一种薪水。既然是奖励，那就是表现得十分出色才会有，而不是还没干活就开始跟父母谈价钱。

在下面的案例中，这位爸爸的做法对我们有指导意义。

清明节放假期间我们出去游玩，在河南汝阳县一家超市，儿子发现一个新奇的玩具，很想把它买下来。儿子只有10元钱，可等钱攒够了就不可能再来汝阳这个地方了。儿子向我借15元钱，我的条件是：一个月之内还，并向我支付5元利息。孩子算了算说：“不行，利息太高了，哪有利息要5元的？我一共要还20元，这是我一个星期的零花钱，太多了！”然后他跟我谈判，只给我1元钱利息，这星期回去做额外的家务挣钱。看到儿子懂得了“开源”，我就说谈判成功，可以成交。

回到家，儿子既给我擦皮鞋，又仔仔细细地拖地，擦皮鞋要2元钱，拖地本来就是他的事情，做得特别好才会有额外的奖励，他还把各个房间收拾了一番。最后，他还清了欠款，还略有剩余。儿子知道，通过劳动可以获得玩具，不想等待就要积极努力行动。

还有一次，儿子在天猫店里选了一个自己想要的玩具，要价29元，但他只有12元。他又和我谈判了，要求借17元，利息1元，还是通过劳动获得报酬和奖励。我对儿子说：“我这一段时间钱不多了，开支很紧张，不能借给你。如果我借给你了，我们可能就没钱买菜吃了，咱们都要饿肚子。”儿子急得哭了，我安慰他说：“你再等待两三个星期，钱不就攒够了吗？很多东西不是你想要就能买的，必须努力劳动，有时还要等待好久。”儿子告诉我，是他和同学约定好了，这星期要把自己的玩具带到学校参加比赛呢。看着儿子难受的样子，我在犹豫。刚好我有事情出去了，等我回来儿子已经进入梦乡。我看到家里收拾得既整洁又干净，连厨房的碗筷都刷完了。我看得出这是儿子的杰作，知道他是想让我给他买玩具。第二天早上，儿子就跟我商量，说这星期不花钱了，先买玩具，不买零食了。儿子懂得了“节流”，我心里真是说不出的高兴啊！

美国近代史上最著名的金融巨头约翰·皮尔庞特·摩根，当年靠做小生意起家，最终成为世界级的大富豪。但是，老摩根很清楚，守业比创业更难。要使自己所创立的基业长青，仅仅靠自己是不够的，还要靠下一代去努力。于是，在他的孩子们还很小的时候，老摩根就开始对他们进行理财教育。而他对孩子的理财教育就是从“开源”入手的。

在孩子们还很小的时候，老摩根就鼓励他们自己赚钱，孩子们为了得到父亲更多的奖励，都抢着去做家务事，而且都表现得很出色。这样一来，最小的儿子托马斯因为年龄小，经常没有家务事可做，收入相对少一些，于是他只好把少得可怜的钱省下来，以便买自己喜欢的东西。这时，老摩根提醒他：“你应该想想怎样做才能多赚一些钱。”小托马斯听了父亲的话后，认真思考，并想出了很多赚钱的点子，最后他存的钱也渐渐多了起来。由此可见，在理财

活动中，“开源”远比“节流”更重要，因为“开源”是主动理财，而“节流”则是被动理财。

的确是这样，因为“开源”，才有财可理；因为节流，才谈得上理财。一个拥有100万的人，并不能称为“百万富翁”，充其量只是个“存款额”很高的人。只有将那100万进行连续投资，使100万再增值100万，才能成为真正的“百万富翁”。所以，父母在教孩子理财时，首先要教会孩子赚钱的方法，这样孩子才有财可理；同时，父母要让孩子学会节省，也就是学会如何去花钱，否则赚多少花多少，同样也是无财可理。

下面，我提供一些实际做法给大家参考。

第一，鼓励孩子拿出一部分零花钱、压岁钱等存入银行，这样不仅可以防止孩子乱花钱，而且可以让他获得利息收入。

第二，让孩子将自己闲置不用的书籍、物品拿到网上交换，去换自己想要的东西，这也是一种储蓄，即通过资源交换产生收益。

第三，鼓励孩子出去做一些兼职的工作。比如在小区、商场、卖场等地方，一般都有适合孩子从事的一些工作。这样既可以锻炼孩子的理财能力，又可以增加孩子的收入，逐渐使孩子养成独立的性格。

第四，培养孩子的兴趣与爱好，比如养花、养鸟、手工制作等，并引导孩子把自己的作品或劳动成果拿去出售，引导孩子实现自我价值。

第五，适当地引导孩子利用自己的钱买股票、基金等理财产品。当然，需要注意的是，这个方法只适合大龄的孩子；另一方面，股票、基金都是有风险的，所以不要让孩子投入过多。

总之，“开源”与“节流”是理财教育中的两块金砖，能为孩子今后走向社会奠定良好的基础。而且，“开源”与“节流”的理财观念也将伴随孩子的一生，这既不是短时间的补课，也不是某个阶段的教育，而是孩子需要终身学习的必修课。父母应在遵循孩子成长规律的前提下，根据孩子每个阶段的智力发展状况、认知水平、接受能力等，对孩子进行潜移默化的教育，教会孩子“开源”与“节流”的本领，引导孩子学会创造财富，管理财富。

第 18 课
常见的亲子理财教育误区

父母是孩子的第一任老师，孩子的人生观、价值观都会直接受到父母的影响。孩子的金钱观都是从父母那里学来的，所以父母要注意：不要让错误的理财观念影响到孩子。

很多人的金钱观，都是直接受到父母影响的。也就是说，父母的金钱观，直接决定了孩子的金钱观。而这样的结果，对父母来说，也可能是喜忧参半。喜的是，父母可以通过自己的努力和行为来教育孩子，将孩子培养成为理财高手；忧的是，在现实的生活中，还有很多被子女所信赖的父母，在理财方面犯有一些这样或那样的错误。

下面，我们总结了父母在理财教育方面常见的一些错误，并希望这些父母能够从这些误区中走出来，教会孩子正确的理财方式。

第一，认为谈钱是一件粗俗的事情。

平常在家的时候，父母和孩子谈得最多的，往往是与钱无关的话题，诸如好好学习，好好看书，将来考上一所好大学，毕业后找个好工作……当然，父母和孩子所谈的这些话题，我们不能说不对，但如果从培养孩子理财能力的角度上来讲，那么仅仅跟孩子谈论这些话题是不够的。

父母要跟孩子谈钱吗？很多父母一碰到这个问题，往往就会回避，因为他们觉得，跟孩子谈钱是一件很粗俗的事情。但实际上，跟孩子谈钱不仅不是一件粗俗的事情，而且是一件十分重要的事情。

其实，很多孩子之所以花钱大手大脚，不懂得珍惜父母的劳动成果，跟父母的教育是密切相关的，因为父母从来不跟孩子讲家里的钱是怎么来的，应该如何使用，孩子当然就会凭着自己的喜好去花钱了。所以，父母再碰到有关金钱的问题，千万不要再回避了。父母不但不要回避，还应该向孩子说明家庭的经济情况，让孩子知道父母挣钱不容易。同时，父母也要培养孩子赚钱的能力。

第二，应该满足孩子的一切要求。

很多父母因为过于溺爱孩子，所以对孩子百依百顺，无条件地满足孩子的一切要求。他们每次带着孩子出去时，不管孩子看上了什么东西，只要孩子想要买，即使在违背自己的消费原则或增加预算的情况下，都会咬紧牙关，给孩子买下来。久而久之，孩子就会被宠坏，逐渐养成自私自利的性格。而且，孩子还会变得毫无耐心，总是希望自己的愿望瞬间得到满足。针对这种情况，我们建议父母，在平时带孩子出去购物时，一定要事先向

孩子说明情况，比如，妈妈可以这样对孩子说：“外面的东西很多，而且也都很漂亮，但并不是所有漂亮的东西都能够买回来。”这样，孩子就会有一个心理准备。等到真正出去之后，如果孩子提出的要求购买的东西不在自己的预算范围之内，这时父母一定要坚持自己的原则，不要轻易做出让步。

第三，言行不一致。

我们都知道，孩子在成长的过程中，很多东西都是通过模仿父母学来的。所以，如果父母在孩子面前言行不一致，总是说一套做一套，那么父母就没有起到良好的表率作用。比如：很多父母经常给孩子做预算，却从来不执行；很多父母经常让孩子把零花钱存起来，自己却是名副其实的“月光族”；很多父母要求孩子努力学习，将来必须上大学，自己却不肯努力赚钱，为孩子攒够上大学的费用；很多父母要求孩子不浪费，自己花钱却大手大脚……父母这样的行为就会使孩子觉得很迷惑，不知道父母所说的和所做的，到底哪一种是对的。孩子往往会以父母作为自己模仿的对象。所以，作为爸爸或妈妈，你一定要记住，你的行动就是孩子最好的榜样。

第四，花钱就能买到快乐。

随着生活水平的日益提高，人们对精神的需求也越来越多，诸如看电影、聚会、旅游、度假等，已经成为人们追求快乐的一种方式。但是，孩子会把快乐和消费等同起来，认为只要花钱就能够买到快乐，或者要想获得快乐就必须花钱。所以，在日常的生活中，父母应该为孩子举办一些不花钱或花钱少的活动，要让孩子意识到，快乐与否与花钱多少没有关系，一家人在一起共度快乐的时光比花多少钱要重要得多。

第五，对未来没有规划。

很多父母因为对未来没有任何的规划，所以也没有为未来的急需情况存钱，甚至是今天花明天的钱。针对这一点，我们认为，不管是为了家庭的未来，还是为了给孩子树立一个良好的榜样，父母都应该对未来有一个清晰而明确的规划，并把自己的规划告诉孩子，然后身体力行，努力去落实。比如，当父母计划在未来的五年之内买一辆小轿车时，那么从今天起，父母就要为了实现这个计划而努力。当然，我们所说的努力并不是指拼命地工作，努力地赚钱，或者每天都买彩票，而是每个月都要把买车的钱存起来。至于这个计划能不能真的实现，那就要看未来的变化了。说不定最后没有买成车，但父母攒起来的这笔钱却正好可以满足孩子出国留学所需。所以，父母不要怕变化，就怕没有计划。

第六，因钱而闹矛盾。

很多父母在家庭经济紧张的时候，往往就会闹矛盾，甚至争吵和动手，使家庭的氛围变得紧张起来。这个时候，孩子就会认为，钱不是好东西，父母就是为了钱而争吵的。久而久之，孩子就会对金钱产生焦虑和恐惧的心理。针对这一点，我们认为，当家庭的经济出现紧张的状况时，作为父母，你一定要心平气和地去面对，并

把家庭目前所面临的情况告诉孩子，而且要向孩子做出清楚的解释，帮孩子消除误解，避免他对金钱产生恐惧心理。

第七，不重视孩子的零花钱。

很多父母由于手头比较宽松，所以在对“给孩子零花钱”这件事上也比较宽松。只要孩子伸手要，他们就会给。这样一来，孩子就不会珍惜父母的劳动成果了，并认为自己向父母要零花钱是他的权利，而且想要多少就要多少。可想而知，在这种环境下长大的大多数孩子，不会懂得什么叫“节约”，更不会懂得“开源”和“节流”了。

第八，没有向孩子解释家庭的理财模式。

很多父母在家庭分工的问题上，因为没有向孩子解释清楚，所以也会使孩子在赚钱和花钱方面，产生一些错误的观念。比如，在一个家庭中，爸爸主要负责赚钱，妈妈则主要负责花钱，对于这种理财模式，如果父母没有向孩子解释清楚为什么会这样，那么孩子就会认为，所有的家庭都是这样的情况，并认为妈妈不如爸爸。所以，对于家庭的理财模式，父母应该及时向子女说明情况，这样孩子就不会认为妈妈不如爸爸，也就不会认为“好女不如男”了。

第九，没有将信用卡的使用方法告诉孩子。

信用卡的使用已经越来越普遍，但很多父母在使用信用卡的时候，却从来不告诉孩子信用卡的使用方法。而孩子所看到的，也只是一张比钱币更神奇的小卡片，它能够满足自己的某些欲望。这样一来，孩子就会认为，信用卡比钱币更重要，只要有了这张神奇的卡片，就可以不用钱币了，殊不知，这张小卡片之所以这么神奇，完全是背后的金钱在起作用。所以，父母在使用信用卡的时候，至少应该向孩子讲清楚，信用卡虽然可以透支使用，但到了月底就会产生账单，而自己所花的这些钱也是要还的。如果拖延下去，就会产生很多的利息，这是很不划算的。当然，教孩子如何使用信用卡，最主要的目的，还是要培养他们从小就重视自己良好的信用。

每个父母对孩子的教育都是十分重视的，但是教育不仅仅是书本教学，更多的应当是父母在日常生活之中对孩子适应社会、适应生活的教育，所以，我在这里敬告广大父母朋友们：千万别让你的错误理财观念影响到孩子！

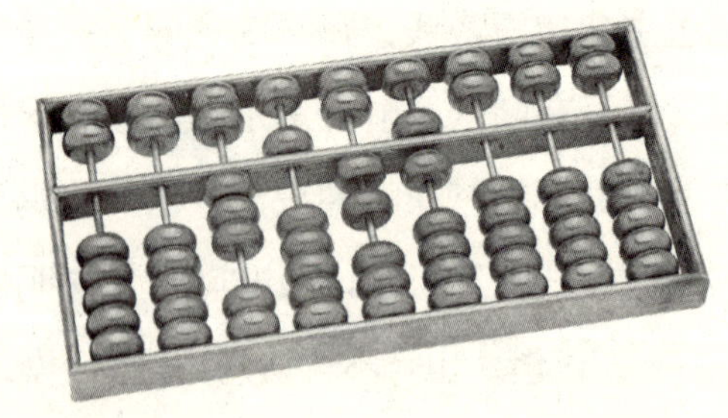

第4篇

教会孩子理财必备技能

理财能力是一项非常重要的社会生存技能，不懂得理财的家庭，很难培养出善于创造财富的能人，最多培养出一个高收入的穷人。因此，父母必须从小培养孩子的理财能力。本篇将重点介绍父母教给孩子的六项理财必备技能：

第一，如何教会孩子制订合理的支出计划？

第二，如何教会孩子合理地使用零花钱？

第三，如何教孩子学会记账？

第四，如何利用“压岁钱”教会孩子理财？

第五，如何培养孩子一生都能受用的理财习惯？

第六，试着让孩子参与家庭理财。

第19课
教孩子制订合理的支出计划

如果父母想培养孩子的理财技能，首先就应该让孩子懂得，花钱要有计划性。对孩子来说，有计划地花钱是一种良好的习惯。

随着年龄增长，孩子自然会具备一些支配金钱的能力。但是，父母不能掉以轻心，在必要的时候，要和孩子一起制订合理的支出计划，以便帮助他科学合理地使用金钱。我们先来看一个我在家教咨询工作中遇到的一个典型案例。

陈鹏从上小学时就有了自己的零花钱。妈妈每次都是一个星期给他50元钱的零花钱。他每次拿到钱之后，都是欢呼雀跃的，高兴得手舞足蹈。可是还不到三天，他一个星期的零花钱就花完了。

剩下的几天，陈鹏就处于没有零花钱花的日子里。妈妈询问了一些邻居家的孩子，发现他们的父母给的钱都差不多，陈鹏的零花钱并不算少。妈妈考察后发现，孩子花钱缺乏计划性，不会合理地使用自己的零花钱。

妈妈便让他学会记账。每一笔花销，妈妈都要求他清楚地记录下来。这样孩子就能够知道，自己的钱是怎么用出去的，还能够查出自己的哪些钱是必须花的，哪些东西是不需要买的，从而做到合理消费。

陈鹏坚持了一个月之后，终于能够很好地分配自己的零花钱了，有时候还会有一些节余。

从这个案例中我们知道，父母要教会孩子有计划地花钱，做到合理消费，从而更加有效地利用自己的零花钱，让钱都花在最需要的地方。让孩子学会有计划地花钱，也就是教会孩子合理消费。父母要帮孩子找出必需消费的项目及其费用，从而给孩子数目合理的零花钱。

培养孩子有计划地花钱，父母首先就要让孩子明白，自己的钱都是怎么花的，花费在了哪些项目上。然后，父母再让孩子从中区分出，哪些东西是自己每天的生活必需品，哪些东西是奢侈品。父母只有指导孩子把自己的消费类别分清，才能够方便孩子做好自己的消费计划。

随着孩子慢慢长大，父母就更应该让孩子学会有计划地花钱。孩子上了初中，可能要过寄宿生活。大多数父母都是一个月给孩子一次零花钱。这笔钱孩子要用来支付自己一个月当中的伙食费，还要买零食、学习用品等。如何有计划地分配好需要支付的费用，就

显得更加重要了。会理财的孩子能够用同样的钱，办更多的事情。

有一位非常明智的妈妈，在带女儿去超市之前，就先跟女儿说："今天，妈妈带你去超市，你可以买一件你最想买的东西，价格在50元以内。你需要先想好要买什么东西才能决定买，如果你要买好几件东西，妈妈就不带你去超市了。"

女儿听完妈妈开出的这个条件后，高兴地回答："妈妈，我知道了，我最想要一个洋娃娃，不过我还要去超市里看看什么样的娃娃最漂亮。"

于是，母女俩一起去了超市。妈妈带女儿看了各种各样的洋娃娃，并给她讲了一些与洋娃娃有关的故事。最后女儿买了一个自己喜欢的洋娃娃回家了。

这位妈妈的聪明之处就在于，给孩子出了一个难题——孩子需要事先根据价格的上限来决定自己要买的东西。实际上，这位妈妈的做法就是让孩子制订一个合理的支出计划。

澳大利亚儿童教育家帕特里夏·赖特森曾经说过："适当地拒绝孩子很重要，即使你完全可以满足他的需要，你必须让孩子知道，不是想要什么就能得到什么。"父母一定要知道，如果想培养孩子的理财技能，就应该让孩子知道花钱要有计划性。孩子一旦学会了有计划地花钱，就不会盲目地消费，生活就自然变得有条理了。

以下方法可以帮助父母教会孩子制订合理的支出计划。

第一，让孩子做好阶段性的支出计划。

父母要让孩子做好阶段性的支出计划，这能将孩子手中的钱平均分配好，保证他在下一笔收入到来时，能够保证每天都有钱花。这其中就要孩子控制住自己冲动消费的欲望，不要让自己的钱很快流失掉。每个阶段的支出，都要控制在规定的范围内。只有这样，孩子才能够让自己更合理地支配自己的零花钱。

父母只有让孩子做好阶段性的支出计划，才能够保证孩子的开销处于可控制以及平稳运转的状态中。只要孩子能够做到按照阶段性的支出计划进行消费，也就可以有效地解决用钱没有计划的问题了。

第二，购物前帮孩子制订采购计划。

购物前帮孩子先制订好采购计划，这是为了预防孩子出现冲动消费的情形。孩子在购物时，如果自制力较差，很容易出现这样的情况：只要是想要的东西，他都会去买。这样一来，就会出现消费超支的情况，孩子的零花钱就不够用了。父母可以在带孩子购物前，先和孩子一起制订相关的采购计划，拟订采购清单。如此一来，孩子进入商场后也就可以更好地抵制各种诱惑了。

第三，严格监督孩子执行支出计划。

父母在帮孩子制订好支出计划之后，也要对孩子进行严格的监督。监督是为了督促孩子能够按计划进行消费。父母要确保孩子能

够更好地执行已经制定好的支出计划，这样才能够让计划发挥出更好的效用。父母的监督能够帮助孩子认真地落实他的支出计划。尤其是年幼的、自制力较差的孩子，更需要父母的监督。

第四，对计划的执行情况进行奖惩。

父母可以根据孩子对计划执行的情况，进行相应的奖惩。有了奖惩规定，就可以更好地调动起孩子执行计划的积极性。如果孩子表现好，都能够按照计划花钱，父母的奖励会激发孩子，以便下次做得更好。如果孩子在执行时表现不佳，父母也要给予相应的惩罚。惩罚的目的只是为了让孩子能够有所惧怕，并能在以后更好地执行支出计划。

第五，让孩子把开支记录下来。

父母要让孩子学会记账。孩子要把自己每天的开支情况，都清楚地记录下来，这方便父母了解消费动向。清楚的账目也便于孩子分析自己的消费是否合理，有没有可以节省开支的地方。孩子在开支记录中，也可以找出自己的各种消费陋习，有利于自己改正不良的消费习惯。

第20课 教会孩子合理地使用零花钱

零花钱里学问大。零花钱孩子应该怎么花、怎么存，都需要父母的精心指导。父母不应该只给孩子零花钱，而不管他如何使用零花钱。

有人说，零花钱是孩子学习消费的学费。确实，花钱不是一件简单的事，从分析需求、节制欲望到收集资讯、选择商家、比较商品的质量与价格，再到讨价还价、找零核对，在支配零花钱的整个过程中，孩子能学到的东西有很多。所以，明智的父母不会排斥孩子用钱，而会教孩子如何花钱。

下面，我们从以下五个方面来谈谈孩子的零花钱的问题。

一、为什么要给孩子零花钱?

教会孩子正确使用零花钱对每一个家长来说，都是一件非常重要的事情。孩子在小时候如果没有形成一个好的消费观，长大

后就可能会出现一些胡乱花钱、不会理财的不良习惯。那么，父母为什么要给孩子零花钱？或者说，父母给孩子零花钱的意义在哪里呢？

第一，教会孩子正确消费，花钱不冲动。

孩子小，对消费的认识不全。有些孩子拿到零花钱就任意妄为，看到喜欢的东西就买，不会考虑商品的实用性。因此，父母要教会孩子正确消费。首先，父母要教孩子安全消费。有的孩子图一时新鲜，或者为了追求刺激，用钱购买一些存在安全隐患的商品，如鞭炮、玩具枪等，会对身心造成危害。其次，父母要监督孩子使用零花钱，个别孩子如果零花钱多的话就会买一大堆不实用的东西，只为图一时之快。这样做，不仅会造成浪费，而且会让孩子养成花钱大手大脚的不良习惯。

第二，让孩子明白赚钱不易，养成节俭美德。

大家都知道，现在有很多孩子都存在攀比心理，花钱大手大脚。父母要让孩子意识到，钱是通过辛苦的劳动才能赚到的，赚钱是非常不易的。父母可以根据孩子的年龄，适当地给他安排一些劳动，并给他适当的酬劳。时间一长，孩子就会明白“不劳无获”和“多劳多得”的道理。当孩子知道“赚钱不易”的道理后在买东西时，就会想：“这些钱是我用劳动辛苦赚回来的，不能随随便便花出去。”他自然就会懂得如何节俭了。

第三，让孩子心存感恩，懂得回报。

孩了的零花钱大多都是长辈给的，父母要让孩子懂得知恩图报。一方面，长辈给孩子零花钱是出于对孩子的疼爱；另一方面，孩子可以用零花钱给长辈买一些小礼物，感谢他们。“先小我再大我”，在条件允许的时候，父母还要教孩子回报社会，参加一些慈善活动，将自己的部分零花钱捐给需要帮助的人。

第四，教孩子学会储蓄，尝试理财。

有些孩子有多少钱就花多少钱，完全没有储蓄的概念，更别说理财了。父母应该教会孩子“积少成多”和“以备不时之需”的道理，让孩子明白储蓄的重要性。孩子可以将日常生活中的零花钱存起来，在以后上学时用来买书本或交学费。孩子学会储蓄之后，可以尝试理财，将自己不需要用到的零花钱存到银行，以便获取利息。

二、孩子的零花钱怎么给？

孩子年龄越小，计划与控制的能力就越差，因此，父母给孩子零花钱的时间间隔应该短一些。一般说来，十岁前的孩子一周给一次零花钱为宜；十岁以后的孩子，父母可以半个月或一个月酌情给一次，甚至可以一学期给一次。

零花钱的发放原则最好是“定时定人”，比如每周一发放一次，类似工资的发放形式。定人发放，可以防止重发、冒领的情况。

零花钱的标准应酌情而定。父母既要考虑到孩子会将零花钱花在什么地方，又要考虑到自己的经济状况，还要考虑到孩子的年龄水平。一般说来，十岁前的孩子的零花钱通常不包括日常的生活消费支出，如车费、饭钱等。

父母可以效仿成人薪酬的“结构工资制”，由基本工资与额外的奖励或报酬构成。除了每周固定的“基本工资”外，孩子可通过家务劳动获得报酬或通过出色表现获得奖励。这样，孩子会慢慢领悟到，只有靠劳动与努力才能赚到更多的钱，世上没有不劳而获的美事。

不同年龄的孩子，发放零花钱的方式应该有所不同，下面我们分类介绍。

第一，2岁～3岁的孩子。

2岁～3岁的孩子已经懂得分辨纸币和硬币的图案，明白钱币的购买和流通功能，但这个年龄的孩子没有计划性和自控力。有些孩子有即时消费的愿望时，父母可以临时给孩子一些钱，并提醒孩子拿好找回的零钱和收银小票。父母可以用浅显的语言对孩子讲明拿好找回的零钱和小票的重要性。

由于2岁～3岁的孩子有把各种东西都放入嘴里尝一尝的习惯，因此给孩子纸币比给硬币安全得多。父母要告诉孩子，在付钱之后，开吃零食之前，要洗手。

第二，4岁～5岁的孩子。

对4岁～5岁的孩子而言，父母可以每周给他们发放零花钱了。这个阶段的孩子有一定的计划性，但有时候还是避免不了与小伙伴攀比以及冲动消费。每周发放一次零花钱，既控制了他冲动消费的数额，又让他“两手空空”的等待期不会过长。父母定时发放零花钱相当于给孩子发放“工资”，可以就这份“工资收入”对孩子提出一定的要求，比如：有礼貌，能够整理自己的房间，能自行穿衣、系鞋带，不睡懒觉，不超时看动画片，等等。父母可以分阶段地帮助孩子养成好习惯，但如果孩子在这期间会犯老毛病，父母不必采用克扣零花钱的方式来惩罚他。父母要让零花钱成为激励工具，而不是惩戒工具。

第三，6岁以上的孩子。

6岁以上的孩子，已经能有条有理地列出购买项目，知道一个月有多少天，知道红包要到过年时才有。针对这一阶段的孩子，父母可以尝试一个月发放一次零花钱。如果实践下来，孩子到了后半个月就“身无分文”，那就把零花钱分成两份，每隔半个月就发放一次。

随着孩子活动范围的扩大，交往能力不断增强，他的购买计划会逐渐增多。同时，孩子也会抱怨原来1.8元一罐的可乐，现在涨到2.2元了。另外，孩子也会向父母提要求：“我是不是也应该涨零花钱了？”父母千万别认为这是孩子在无理取闹，而要与孩子坐下来仔细商议，对零花钱的新数额达成协议。这对孩子来说是意义非凡的进步，孩子从中可以学会如何搜寻证据来支持自己的观点，学会如何通过摆事实、讲道理来争取自己的权益。孩子的“加薪建议”也许不会得到满足，但这也会启发孩子：谈判是一个要互相妥协、互相谅解、互相退让的过程。

孩子的零花钱增加了，但为了预防孩子无休止地将零花钱花费在置换游戏卡、游戏币和“垃圾食品”上，父母可以要求孩子建立自己的小账本，便于随时对孩子的消费进行监控。孩子的消费范围越广泛，父母的监控和干预越重要。父母要告诉孩子，什么东西是允许购买的，什么东西是不能买的，这一点十分重要。父母罗列出允许孩子购买的东西，是要让孩子知道整个家庭的价值观和消费观。

三、应该如何给孩子增加零花钱？

当孩子要求更多的零花钱时，父母要借助这个难得的机会给孩子上一堂财富课。父母可以尝试如下方法：

第一，要求孩子将需要的预算项目罗列出来，同时将需要增加零花钱的理由一并写上。如果孩子的要求合乎情理且经过他充分思考，父母就可以支持他拥有更多的零花钱。

第二，要求孩子罗列出他愿意做的“额外工作”，这个应该是日常家务以外的其他工作，例如：自己洗衣服，照看家里的宠物，帮父母收拾房间，等等。

第三，建议孩子在家庭以外寻找工作。帮邻居工作就是一个很好的方式，例如洗车、庭院除草、打扫房子、照顾宠物等。邻居通常很愿意让孩子做这些工作。

第四，帮孩子建立预算表，教会他如何记账。孩子有零花钱了，需要学会使用和管理。父母非常有必要教会孩子如何建立预算表，教会他如何记账。如此一来，父母也可以监控孩子的花费。

四、应该怎么规定孩子的零花钱的数额？

每个家庭的经济状况并不相同，这也造成了不同的父母对孩子的零花钱的数额拥有不同看法。

多数父母都是根据个人经验来单方面决定零花钱的额度，没有什么标准可供参考，也不会询问孩子的意见。但是，要想对孩子进行理财教育，父母和孩子一起讨论零花钱的金额是必要的。据调查，与父母一起讨论决定零花钱金额的孩子，在使用零花钱的时候，会做预算、记账等工作，并进行合理消费。

父母想要确定适当的零花钱金额，首先要让孩子学会记账，然后根据账目来确定合理的零花钱金额。父母和孩子在反复实践的过程中寻找双方都满意的零花钱金额。

由于父母事先征求了孩子的意见，如果零花钱不足，孩子就不能无缘无故地表示不满或者赖着再要钱。这个方法还能让孩子反省自己的消费行为，学会主动制订消费计划。父母给孩子的零花钱太少了也不好。如果零花钱很少，孩子的日常开销都不够，他就不会花心思去考虑存钱的事了。

父母给孩子的零花钱可以稍微多于必要的金额，这样可以让孩子从更多的角度来考虑金钱。比如，父母想让孩子将10%的零花钱当存款，那就要把这个存款金额加到零花钱里头。

父母给孩子零花钱时，首先要考虑培养他管理钱的能力，这样的“教育意识”远比给孩子零花钱的“经济意识”重要得多。世界富豪洛克菲勒二世小时候的零花钱并不比其他同龄孩子多，他的爸爸对待零花钱的态度完全不像一个富翁。理由很简单，他的爸爸认为钱多钱少是大人的事情，不管是贫穷还是富裕，孩子的零花钱都不能有差别。在他爸爸的正确引导下，他领悟到非常重要的人生道理——“爸爸的财产只是爸爸的，而不是自己的。”

教会孩子管理零花钱，是给孩子树立经济观念的最有效的方法。零花钱能否发挥教育意义，完全取决于父母。父母在忙着掏钱给孩子之前，要先考虑这样做给孩子带来的影响。零花钱利用得好，能培养孩子对金钱的正确认识；零花钱利用不当，则会让孩子养成乱花钱的坏习惯。

五、给孩子零花钱，需要注意哪些问题？

父母在给孩子零花钱时，需要注意以下几个问题：

第一，防止孩子为了存钱而不吃饭。

孩子正处于生长发育的关键期，要保证平时有充足的营养物质摄入。不吃饭对身体的伤害是非常大的，很多疾病也都会乘虚而入。况且身为学生，如果没有充足的营养，自然就没办法集中精力，学习效率也会受到影响。

第二，不要让孩子养成“随存随用”的习惯。

大多数的孩子自制力都比较差，看到自己想要的东西就会忍不住买下来，存钱罐则成了“补给站”。前一天才存进去的钱，可能第二天就会拿出来花掉。孩子觉得，反正存钱就是为了花钱，提前拿出来用也没有什么问题。孩子这种“随存随用”的习惯一旦养成，就无法真正拥有存钱意识，到头来还是“竹篮打水一场空”。

第三，告诉孩子存钱的重要性。

父母要让孩子真正掌握理财的技能，就要多想办法引导孩子学会合理地赚钱。父母要帮助孩子制订出一个合理而有效的存钱计划，这样才可以让孩子养成存钱的习惯和理财的思维。如果孩子没有弄明白“为什么要存钱”“怎么存钱”“存多少钱”等问题，那“存不存都无所谓”的想法就会出现，时间一长，孩子自然就会放弃。存钱的方式有很多种，只要父母多加引导，让孩子自己努力，就能让看似枯燥的理财行为变成有趣的理财游戏。

第四，管好自己的存折账目。

父母在给孩子讲储蓄的知识时，很有必要给孩子设一个专门的账户，然后和孩子一起谈论一下应该怎么管理账户里的那些钱。虽然这样一来会让孩子感到“手头有些紧”，但是当他看到存折上的数额越来越多时，也就会有一种成就感。久而久之，孩子会从这种等待中养成存钱的好习惯。

第 21 课

教孩子学会记账，当好“账房先生”

不会记账就不会理财，理财要从记账开始。让孩子学会记账，不仅可以帮助他培养良好的理财意识和习惯，而且可以帮助他理解“花钱容易挣钱难”的道理。

一个人不管做什么事情，都应该有良好的习惯，这是成功的不二法门。理财从记账开始，不会记账就不会理财。让孩子养成记账的习惯，是一个培养孩子良好的理财习惯的必不可少的方法。我们先来看下面的咨询案例。

笑扬已经是一个小学五年级的学生了。今年，妈妈给她准备的小账本已经记了满满两页。小账本上有日期、明细、收入、支出、结余等内容，详细记录了她今年春节以来的各项收支情况，包括得到奖金、买文具、订杂志、送同学生日小礼物等。

有意思的是，账上还有一笔10元钱的扣款，理由是

“记账不及时”。笑扬妈妈说，这个小账本她每周核查一次，如果账目清楚，可奖励两元，累积到年末，可作为“年终奖”；如果数目不一致，则要马上扣罚。当然，这些规则都是爸爸妈妈跟孩子一起商量制订的。

在小学低年级时，笑扬对金钱并没什么概念。今年春节过后，爸爸妈妈商量，该让孩子学会理财了。给零花钱的方式，父母也纠结了好久：孩子一用完就给？这样的话，孩子花了多少钱父母不容易掌控。按月发放零花钱？就怕孩子领惯了，要钱变成理所当然的事情。做家务给报酬？可是分担一些家务本来就是孩子该做的事情啊！最后，笑扬的父母决定，孩子的零花钱主要有三个来源：少量的压岁钱，参加各类比赛获得的奖金，以及父母给的部分零花钱。笑扬平时在家按表现记分，所得积分可以换取零花钱。

在设立小账本之初，笑扬还有点儿“小九九”，出门想买东西时老是“忘带钱”，希望爸爸妈妈赞助她。不过，妈妈告诉笑扬：“让你自己管理零花钱，是出于父母对你的信任，你应该好好珍惜这份信任。”

在父母的引导下，笑扬慢慢学会了“精打细算”。这学期开学前，她的凉鞋搭扣坏了，妈妈说要给她买一双新的，她主动跟妈妈说：“马上就是秋天了，没必要再买，到修鞋的地方补一补就好了。”

由此可见，教会孩子学会记账的好处真是多！实际上，让孩子学会记账是一个培养孩子良好的理财习惯的好方法，父母可以引导孩子把每一笔收入和支出都记录下来，这样不仅有助于父母了解孩子的钱花在哪里，更能让孩子了解自己的消费情况，并定期追踪，克服不良的消费习惯，从而不断地调整自己。另外，父母也可以通过让孩子记账而早早知道他将来可能选择的职业。如果孩子对数字非常敏感，而且乐于记账，那么父母可以考虑把孩子培养成金融专家。

下面，我根据自己教育乐乐的实例来告诉大家，应该怎样教会孩子记账。

儿子乐乐上小学后，我就一直想让他掌握一些基本的理财概念。他本来也没有多少零花钱，我能教的就是让他学会记账了。市面上的记账本大多都是财务专用的本子，给小孩用不太适合。我在超市无意中买到了一个儿童用的记账本，它非常简单但是很实用，于是我就教他利用这个本子学习一些基本的记账方法。

在记账之前，首先是规划“如何分账户”和“如何记账”的问题。我把乐乐的钱分为红包、工资和公共基金三个账户。这样分是因为乐乐春节的时候有了压岁钱，当时用一个信封把他的压岁钱放了进去，说是他的红包。后来他说要买望远镜，我就拿了一个信封放了一百元，并告诉他，要买望远镜的钱就放到这里。

乐乐暑假在家，我就给他分派了一个任务，就是除了完成自己的作业，他还要监督我们做事情。我们每天把要做的事情都写到本子上，他负责监督和检查，如果他能够监督我们完成任务，我们就给他发10元钱作为当天的工资。

账户规划好后，我一点点地给他讲解了记账的基本概念和方法。

第一，了解账户的概念。

账户就是某个存放有特定用途的钱的地方。因为乐乐的钱很少，所以我给了他三个小信封，里面放不同用途的钱。每个信封里面的钱有任何变动，都要记到一个本子上。

三个账户的分工如下：

（1）红包账户：就是存放压岁钱的账户。以后有压岁钱了，我们就把它放到这里面。如果将来里面钱多了，就会给他专门开一个银行账户。他可以把存折放进这个信封。

（2）“小助理”的工资账户：用来存放孩子帮忙做家务的工资。“小助理”如果每天能够监督我们完成任务，就可以领到10元钱。我们会把钱放到这个信封里面，同时要他在本子上记录钱的变动情况。

（3）公共基金账户：用来存放家里公共基金的钱。这个公共基金是家庭成员都同意后才能支配的钱。

第二，如何记账？

有了这三个账户，我就可以告诉孩子如何记录收支情况。每次在本子上，乐乐都会按照我所教的记账方法记录收支情况。

日期：记录这个账户内钱款变动的日期。例如：2017年6月30日。

摘要：这笔钱的来源或去处。例如：卖旧玩具。

收入：如果是得到的钱，就把这笔钱的金额记到收入里面。例如：卖旧玩具属于收入。

支出：把花出去的金额记到这里。例如：买新玩具

属于支出。

结余：就是这个账号里面变化之后的钱。例如：120元。

随着乐乐对记账工作越来越熟悉，我还顺便给他讲解了一些记账的基本知识，比如月结、调账、转账、收支平衡等。

（1）什么是“月结”？

乐乐存放红包的信封上面，有他当时写的红包的金额，我问他：“里面的钱对吗?”他很肯定。我让他清点了一下，发现少了10元。这个时候我就告诉他，每个账户里面的钱，最好隔一段时间清点一下，可以一个月（财务术语叫做“月结”）或者至少一年（财务上称作“年结”）清点一次。

（2）什么是“调账”？

因为这个红包账户的钱有了变化，少了10元，乐乐问我怎么办。我说这个账户钱少了，肯定不是收入，那就只能是支出了。但是这个钱并没有明确的花费，所以在摘要上就要写“账户调整”（财务上称为“调账”），所以乐乐在红包账户的页面记录这个摘要为“账户调整”，总额减去了10元。

（3）什么是“转账”？

“转账”就是把一笔钱从一个账户转到另一个账户。乐乐说他想把红包里的10元零钱放到公共基金账户里面，这个也是需要记录的。因为这是手工记账，和记账软件里面转账会自动记录不一样，所以他需要在转账的两个账户同时做记录。方法如下：红包账户里面做一笔记录，摘要写“转账到公共基金账户”，支出栏写“10元”，结余要从上一行减去10元。公共基金账户上也做一笔记录，摘要写“从红包转账”，收入填入“10元”。

（4）什么是“收支平衡”？

“收支平衡”是收入和支出进行比较的结果。如果在一个时期内，比如一个月或者一年，收入和支出一样，就是“收支平衡”。如果收入超过支出，那么就是赚钱了，收入少于支出，就是亏钱了。

这个方法计算起来比较麻烦，只要找一个账户，把里面的收入和支出做一个星期的演练，孩子基本上就能理解了。

从建立账户到学会记账，乐乐花了好些时间才慢慢懂得。现在，我每次给他不同用途的钱，他自己都知道该记到哪里或该怎么写了。

以上就是我教乐乐记账的一些基本技巧和方法。其实父母最关心的还是以下两个问题，下面我给大家分析一下。

问题一：孩子记账时，父母应该掌握哪些原则？

孩子记账时，父母应掌握以下三个原则：

第一，分门别类。孩子年纪小，只要简单列出日期、收入、支出、项目、结余等内容即可。

第二，每笔消费都要记。孩子在记账时，有时候不会主动记账，或觉得记账太麻烦，记到一半就不想记了；或者觉得金额太小，忽略不计。无论哪种情况，无论金额多小，父母都要提醒孩子要记账。

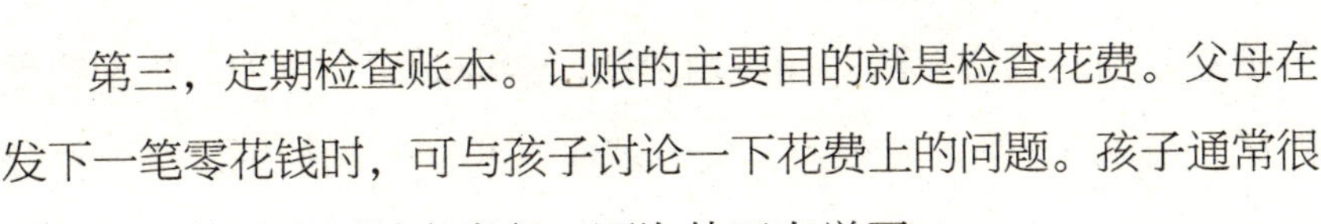

第三，定期检查账本。记账的主要目的就是检查花费。父母在发下一笔零花钱时，可与孩子讨论一下花费上的问题。孩子通常很难做好，父母不要过度责备，因为他正在学习。

问题二：如何让记账成为孩子的生活习惯？

虽然记账好处多，但是过程繁琐。要孩子落实记账工作，并不是件容易的事，需要父母的陪伴和鼓励。父母要让记账成为孩子生活的一部分，不妨试一试以下三个方法。

方法一，每天记账。

孩子不记账，有时是因为时间久了，实在想不起来钱花到哪里去。孩子年纪越小，就越需要父母的陪伴和鼓励。父母可以找时间和孩子回想一下当天的花费，并要求他记录下来。如果要孩子做到每天记账很困难，那么一周至少要记两次账。

方法二，让孩子体验到记账的好处。

如果孩子的零花钱有盈余，父母可以帮他将钱存入银行，让他体会存钱的感受。父母在必要时可给孩子一些奖励，让孩子拥有努力奋斗的目标。父母需要注意的是，给孩子零花钱时不要和孩子的学习及家务劳动绑在一起。如果孩子小的时候父母用钱控制孩子的行为，那么孩子长大后也会用钱控制父母对他的期待。有一天，当父母要求孩子洗碗时，他也许会跟父母要洗碗费。

方法三，与财务规划挂钩。

遇到一些特别的日子，如六一儿童节、生日等，孩子的花费会比较高。在这些特别的日子里，孩子当然会要礼物了。父母要善用孩子对礼物的期待，帮助他规划梦想，实现梦想。例如，孩子要是想买一台200元钱的游戏机，父母就可以和他一起规划，每个月存30元，半年后就有180元。另外，为了奖励他，父母赞助20元，这样游戏机就可以到手了。如果父母不认同孩子的花费，父母就要和他好好沟通。例如，父母认为只要球鞋足够好，什么球都能打；孩子则认为，每种运动都应有专属的鞋。这个时候，父母要想办法和孩子沟通好，并达成一致意见。

第22课 利用压岁钱教孩子理财

父母教孩子学会认真对待压岁钱，对孩子的成长是非常有帮助的。让孩子自己支配压岁钱，可以培养他的独立意识、节约意识和自制能力等。

每一个春节来临，孩子都会收到大量的压岁钱。如何才能让孩子正确地看待和使用压岁钱，成了父母心中的一大难题。

在春节，长辈给晚辈一点儿压岁钱，其实也没什么不好的。因为压岁钱不仅是孩子的念想，也有着驱邪避灾的美丽传说。民间相传“岁”与“祟”谐音，大人为了确保孩子不受邪恶侵扰，所以用钱来给孩子压压“祟”，这种朴素的习俗贯穿古今，成为年关时长辈关爱孩子的一道亮丽的风景。

可是，当国人富裕起来之后，却把朴素的压岁钱习俗渐渐演绎成“压岁钱经济”，大人给孩子压岁钱用于“感情投资”，孩子用压岁钱夸富摆阔，给朴素的压岁钱习俗撕裂出一道鲜红的伤口。

其实孩子都是无辜的，罪魁祸首是大人。哲学家说过，金钱是一把双刃剑，用得好就是人们的幸福，用不好就是人们的灾难。就算是大人，也都往往在金钱面前迷失自我，天真无邪的孩子又怎么能抵挡得住金钱的诱惑呢？

因而大人给孩子压岁钱不是多多益善，而要适可而止。也就是说，大人象征性地给孩子一点儿压岁钱就可以了。大人不要为了炫耀自己的财富，或为了保住所谓的面子，对孩子一掷千金，这会让金钱的利刃伤到孩子。

春节期间，人们来往增多，孩子的压岁钱也随之大幅度增加，大人有必要教会孩子管理好自己的压岁钱。比如：父母要教育孩子如何理财、保管钱，如何把每一分钱花在“刀刃”上，如何建立压岁钱账户，等等。这样，压岁钱再多，也会释放出正能量。

对父母而言，需要做的就是：利用“压岁钱”教会孩子理财的技巧。下面这个案例中的妈妈是我们学习的好榜样。

女儿妮妮人生中的第一份压岁钱是奶奶给的，当时是除夕。她睡着后，奶奶就把包了红纸的压岁钱压到了她的枕头底下。奶奶一边压，一边念叨：“压岁钱，百岁钱，长命百岁啊！”奶奶是我们家年龄最大、辈分最高的人，所以她总是第一个给孩子们压岁钱。奶奶对我说：“给孩子放好了，可以保平安。”我点着头，心中对奶奶充满了感激。

第一年，女儿对钱没有概念，由我替她保管。

第二年，女儿拿到压岁钱的时候，对钱就有了感觉。

她把钱拿到手里就说："买……买……买……"她一边说一边拉着我的手往门口走，口水流得老长，掉到了压岁钱上。我担心她把钱弄丢了，就把压岁钱收起来了。

第三年，女儿拿到压岁钱，有些醒悟了。她一直捂着自己的钱，以至于我费了好大力气才从她手里把钱要出来。我对她说："这么多钱，妈妈给你存着。"

到第四年的时候，她就彻底醒悟了，而且有了自己的想法。记得那年正月初四，她收到一笔压岁钱后，坐到沙发上学着大人的样子，美美地开始数自己的钱了。虽然她数得还不准确，但数钱的样子却很认真。我走近她，她似乎明白了我的意图，赶紧把钱藏到了身后。

我问她："收了多少？"

她立刻就说："这是妮妮的，不许问。"

我一惊，对她说道："这可是妈妈用红包给你换回来的，你却连个数都不告诉妈妈。"

"不行！"她大喊，"我还有用呢，我要留着！"

女儿的表现让我也意识到，自己要正确对待孩子的压岁钱。所以，我带着她去银行办了一张银行卡。在她的监督下，我把她的压岁钱存到了银行卡上。回家后，我又教她把银行卡藏到某个地方，这让她充满了自豪感。

从此以后，她每次收到压岁钱，都自己先点清数目，再让我带她去银行存钱，而我也趁机教给她一些理财知识。我握着她的手，教她把钱数记下来。她的样子是从来没有过的专注，就像自己管理着一个王国一样。

在她上一年级的时候，我告诉她，她的压岁钱应该发挥作用了。如果学校要钱或是她需要买文具用品，就可以把钱取出来用，而自己只需做好记录就行了。就这样，她掌握着自己的压岁钱，学着记账，课外辅导班、书费等项目的支出有多少，收入又是多少，她都历历在目，态度严谨而认真。当然，妮妮每次让我带她去取钱的时候，也总会抚摸着那些钱，然后自言自语地说上一句“又少了”，而我便以一句“把钱花到有用的地方就好了”来安慰她。

今年，孩子的压岁钱又来了，当我和她爸爸拿着钱给她时，她开玩笑地问我们：“爸爸妈妈，现在房价、物价都涨了，我的压岁钱不涨吗?”

在上面的例子中，妮妮的妈妈很好地利用了压岁钱，教会了妮妮一些理财技巧。孩子的压岁钱到底该如何正确使用？下面介绍的具体方法可以给父母提供参考，父母可根据不同的情况，灵活运用。

第一，给孩子建立私人账户。

父母在征得孩子同意的情况下，帮助孩子建立私人账户，把他的零花钱存进去。同时，父母给孩子准备一个小账本，让他记录每一笔支出的金额及用途，记录一下哪一次用得最有意义。父母也要培养孩子用自己的零花钱的习惯，尽管钱是大人给的，但这样可以帮助孩子树立正确的金钱观。

第二，给孩子购买保险或理财产品。

有的孩子压岁钱比较多，父母可选择给孩子购买保险或理财产品，如健康保险、教育基金等，让孩子的压岁钱在保值的同时，还

能帮助他建立理财观念。

第三，给长辈买礼物，培养孩子的孝心和爱心。

孩子的压岁钱基本上都是长辈给的，父母可以引导孩子用压岁钱给长辈买礼物回赠他们，培养孩子的感恩意识和孝心；父母在教育孩子懂得感恩的同时，要引导孩子合理地使用压岁钱，让他养成节俭的好习惯。比如，建立一个“爱心账户”，当有困难的人需要帮助时，父母可以引导孩子进行爱心捐助，让压岁钱变得更有价值。

第四，买书、报兴趣班，给孩子进行智力投资。

父母可以带孩子一起去书店、玩具店，用压岁钱买他喜欢的书籍、智力玩具，或者报他喜欢的兴趣班，既能陶冶情操、提升学习兴趣，还能培养孩子的智力投资观念。

下面，我按孩子的年龄特点，整理出几种压岁钱的管理方法，父母不妨一试。

1 年级 ~ 2 年级：带上孩子去存钱。

一般来说，在幼儿阶段，孩子还没有金钱意识，这时父母可以把孩子的压岁钱存起来。从小学开始，父母就不能再简单地将钱直接存起来，而是要和孩子一起商量。

如果孩子选择把钱存起来，父母可以带孩子去银行开户，让孩子了解“银行”是什么，“储蓄”是怎么一回事。如果钱不多，孩子希望能买喜欢的东西，父母可以给孩子准备一个带锁的小抽屉，并且将钥匙交给孩子保管。这样做，能让孩子觉得自己是有隐私的，也让他对金钱有尊重的感觉。如果孩子想要买某个东西，父母可以趁机带孩子去商场或超市，引导孩子认识“价格”，并进行“价格比较”。

3年级~4年级：懂得“必需”和“想要”。

三四年级的孩子，金钱意识已经比较强烈了，而且想买一些大件的东西，开始对一些昂贵的东西感兴趣。这时在压岁钱的使用上，父母引导孩子必须理解的两个概念是“需要的”和“想要的”。比如，当孩子想买一些东西时，父母可以让他做一个列表，引导孩子思考：哪些东西是必须要买的，哪些东西是可以以后再买的。这样做，能让孩子树立“使用有度”的意识。在这个过程中，父母还要让孩子懂得“延迟消费”，学会控制自己的消费欲望。

5年级~6年级：将金钱和成长联系起来。

对于五六年级的孩子，父母可以告诉他，马上就要上初中了，会有较多的课外书、补习班等方面的支出，逐渐引导孩子在使用金钱时学会制订合理的计划。从五年级开始，父母要引导孩子把压岁钱存起来，作为暑假旅游、上兴趣班等未来活动项目的资金。这样，孩子就可以把金钱和自己的成长联系起来。这也是锻炼孩子自控能力和责任感的重要方法。

初中以后：学会储蓄和计划。

孩子到了初中，要学会储蓄和计划。这时的孩子应该有主动

储蓄的意识，在花钱时，能够学会制订详细的计划，并且按照计划实施。父母可以引导孩子将压岁钱分成不同的部分，至于如何分配，可以让孩子自己决定。

第23课

培养孩子一生都能受用的理财习惯

常言道，“三岁看到大，七岁看到老”。也就是说，通过一个三岁小孩的性格特点和行为举止，人们就能知道这个孩子长大了会怎么样；通过一个七岁孩子的性格特点和行为表现，人们就能知道他老了会是怎么个样子。真的有那么神奇吗？

早在2010年，中国青少年研究中心和中国银行就联合发布了关于我国儿童理财习惯的调查报告。该调查报告显示，我国85%的在城市生活的孩子都有个人积蓄，但只有18%的孩子才会把钱存到银行，所以孩子的理财意识很弱。该调查报告显示，对多余的零花钱，2%的孩子会想办法把它花掉，53.9%的孩子会把它放在家里，25.7%的孩子会把它交给父母管理，只有18.4%的孩子会把它存进银行。由此可见，我国的少年儿童理财意识并不强，很少有“钱能生钱”的意识。

孩子理财观念不强，与孩子的父母有密切的关系。大部分中国父母给孩子零花钱的方式是非常随意的。只要孩子需要，父母就会

给孩子钱，而不是定时定量地给。实际上，只有在每周或每月固定的时间给孩子发放零花钱，才能让孩子学会合理地计划开支，逐渐形成良好的理财习惯。

孩子良好的理财习惯包括：记账的习惯，存钱的习惯，了解收入及花销的习惯，确立理财目标的习惯，实施理财计划的习惯，削减开支的习惯，等等。这些习惯一旦养成，孩子一生都能受用。

那么，作为孩子的父母，我们应该怎样让孩子养成这些他一生都能受用的理财习惯呢？以下几点建议对大家会有启发。

第一，给予孩子奖励要适当。

自己叠被子，打扫房间，努力学习……这些都是孩子有义务去完成的事情。当孩子完成了这些事情，父母可以根据孩子的表现来给予奖励。父母使用金钱奖励要慎重。有些父母一味地用金钱奖励的方式来督促孩子认真学习、完成家务，这是极不可取的。长此以往，父母很难培养出一个积极主动的孩子。

第二，孩子得到零花钱，父母首先要帮他存起来。

很多白手起家的富人，他们最初的资金都是来自储蓄。有了储蓄的积累，才有进一步理财投资的本钱。父母给孩子零花钱时，要把孩子需要存的零花钱一起给他，存钱的比例一般占零花钱的10%~30%为宜。

父母要让孩子养成这样一种习惯：他收到零花钱时，首先要拿出一部分钱存起来，然后用剩下的钱来消费。如此一来，等到孩子参加工作之后，他领到工资时，同样也会拿出其中的一部分工资来储蓄，再用另外一部分钱作为生活的开销。

第三，购物时，让孩子学会抵制诱惑。

父母想要孩子养成正确的消费习惯，就需要教给孩子“消费游戏”规则。父母可以告诉孩子：“如果在琳琅满目的大卖场里不能抵制诱惑，买了一些没有用处的东西，那么就算输了。”孩子们一般对“输”“赢”这样的字眼十分敏感。通过这样的“消费游戏”，孩子就会养成“只买自己最需要的东西”的习惯。

第四，不要理会孩子的撒娇战略。

如果父母在意孩子撒娇，那么孩子就会养成用撒娇的方式来解决问题的坏习惯。在孩子缠着父母买东西的时候，父母要充分理解孩子想要得到那个东西的心情，但是应该表示出自己不能买那个的东西的立场。当然，父母和孩子交谈的时候，态度一定要温和并且坚定。父母要理解孩子的这种心情，只有这样，才不会让孩子伤心。

第五，买之前想一想：“如果不买，对孩子会有影响吗？”

需要和欲望是促使人们购买东西的两大动机。有些东西是因为需要而必须要买的，而有些东西只是因为欲望的催促才去买的。理财教育的宗旨就是抑制孩子内心的欲望，只买他需要的东西。所以，在给孩子买东西前，父母要问问自己：“如果不买，对孩子会

有影响吗？”这是父母在有意识地抑制孩子内心的欲望。父母另外想一想，家里是否有类似物品或者其他替代品，这些都可以达到最终抑制孩子冲动消费的目的。

第六，和孩子坦率地谈论家庭的经济状况。

如果家庭经济不是很好，那么父母就要和孩子坦率地谈论家庭的经济状况。父母不能买给孩子所有他想要的东西，这并不是什么丢人的事情。父母要试着在孩子面前主动地谈论一下家里的收入情况。这种对话不仅可以提升孩子的财商，还可以让孩子知道，大人挣钱不容易，孩子则会积极地配合父母的家庭理财活动。

第七，父母自身要加强学习。

父母要想让孩子学会理财，就必须以身作则，努力学习并做好榜样作用。父母可以多读一些理财方面的书，掌握一些必备的理财技能，从而更好地教育孩子理财。

第24课

试着让孩子参与家庭理财

孩子是家庭理财中的“短板”。让孩子参与家庭理财，既能够让孩子理解父母的辛苦，又能够从小培养孩子的家庭责任感和理财能力。

中国文化与西方文化有着非常大的差异。中国人的家庭观特别重，多数人拥有“血浓于水”的传统思想。因此，中国社会的最小单位可以看做是“家庭”。而在西方，人们更重视个体的自由和权益，哪怕是在家庭成员之间，他们也是以尊重个体的需求为先。因此，西方社会的最小单位可以看做是“人”。

也正是因为存在这种差异，导致了人们在习惯上的差异，其中也包括理财习惯。多数中国家庭，喜欢把家庭成员的钱集中放在一起进行管理，这样做虽然有它的优势，但也存在一些问题。优势在于：把钱放到一起后会有规模效应，可以选择的投资品种也会更丰富，但由于这些钱由不同的人取得，因此在做投资决策时，往往很难协调，很难达成一致意见，容易导致家庭矛盾升级。这对子女的教育很不利。

如何有效避免这种情况呢？可从“木桶理论”引申出家庭资产配置权的归属问题。木桶理论的精髓在于：一个木桶的盛水量取决于桶壁上最短的那块木板。若将这一理论引用到家庭理财中，就会有这样的结论：家庭资产配置比例由家庭成员中风险承受能力最低的成员来决定。

在中国的家庭中，一个家庭一般只有一个孩子，孩子属于家庭中风险承受能力最低的成员。由于现在多数家庭都只有一个孩子，因此父母在重视孩子知识教育和健康营养外，还需要培养孩子的“财商”，最有效的办法就是：父母让孩子参与到家庭理财计划中来。

为什么要让孩子参与到家庭理财计划中来？除了可以弥补家庭这个大“木桶”的短板外，主要原因还在于：再好的理财培训都不如让孩子在生活实践中参与到理财活动中来，并在实践过程中分享彼此得到的经验或教训有效果。

一般来说，处于成长阶段的孩子，他的学习欲望和接受能力都是非常强的，但如果大人一味地和他讲理财方面的大道理，他就有可能会对此感到麻木，甚至会反感。反之，让孩子参与到家庭理财活动中来，很容易让他切身体会到什么是真正意义上的理财，更能提高他的责任感和其他方面的能力。

我们先来看看下面的例子，就会发现，让孩子参与家庭理财的好处有很多。

张甜的爸爸妈妈很注重培养她的理财观念。在每个月的月底，他们就要开一个家庭经济报告会。会上，爸爸和妈妈分别报上本月所得的工资，加在一起后，再扣除全家人各方面的生活开销，就能算出最后的结余。

张甜就是这个大会上的记录员，还负责算账。因而，家里每月的收入是多少，开销是多少，结余了多少，张甜心里都有数。爸爸妈妈告诉张甜，要把每个月一半的结余存起来，留给她以后上大学用。

由于爸爸妈妈很早就让张甜参与到家庭理财中来，张甜已经养成了勤俭节约的好习惯。现在，上初中的张甜在吃穿用度上不追求时髦，不要求高档。而且，每个月爸爸妈妈给她的零花钱，她总是很小心地花，每个月都能省下很多零花钱。

把家庭财务公开，让孩子也知道其中的情况，既有助于父母提高自己的理财水平，又能有效地提高孩子的理财能力。让孩子多做实际的训练是理财的重要内容，而其中最有效的方法就是让孩子自己做主，参与家中的理财大事。

几乎所有的父母都遇到过这种情况：父母带孩子去超市时，孩子总闹着要买这买那。针对这种情况，父母有必要教育孩子进行合理消费。但这并不意味着父母要对孩子讲大道理，讲艰苦朴素、勤俭节约的精神，父母可以让孩子直接参与家庭的“经济管理”，让孩子清楚家庭的收入情况和支出情况。

一次家长咨询会上，有些家长在我这小小的办公室里就孩子的零花钱问题讨论起来了。

李女士这样述说着她的烦恼：“我女儿上初三，前几天她说去同学家玩，可回家后却穿了一件新衣服，还多了几样头饰，我再三追问，她才承认她花的是奶奶给她的200元

钱，而且出门都是坐出租车。我趁她睡着，翻了翻她的小钱包，里面竟然还有200元钱。女儿的这些‘私房钱’都是平时以买练习册，或者是学校要收费等借口跟我要的。”

赵先生也说起了他的宝贝女儿：“女儿也经常向我要钱，说想和要好的同学聚一聚，简单地吃顿快餐至少也得给她100元，而且女儿去聚会也要我开车送去，否则她就坐出租车。孩子不顾父母赚钱的辛苦，只知道乱花钱，真的让人吃不消。”

王女士更是气不打一处来，她说：“前两天，我发现自己放桌上的钱不见了，我就问我的两个女儿，她们都说没拿。于是我到处找，最后在花盆里找到了。两个女儿死活都不愿意承认，我们打也打了，骂也骂了，可就是不管用！”

……

对于以上父母的烦恼，我认为最好的办法就是让孩子来“管家”，参与家庭理财，了解家庭的收支状况，让他们知道父母赚钱不容易。如果孩子乱花钱，父母可以通过聊天的方式让孩子知道家里的经济状况，以及父母现在赚钱很辛苦等。父母也可以让孩子为家里买几天菜，或者独立完成某项家庭工作。孩子有了切身的体会，懂得父母的辛苦，自然就不会乱花钱了。

让孩子参与家庭理财，父母要做到以下几点：

第一，给孩子充分的知情权。

让孩子对家庭经济状况有所了解，会增强孩子对家庭的责任感。父母要让孩子知道，父母每月挣的钱，有多少钱要用于日常开支，有多少钱要用于临时性支出，有多少钱要留下来以备不时之需。孩子们懂得了这些，也会自觉收敛自己铺张浪费的行为，还有可能主动为家庭理财出主意，想办法。再加上家长的正确引导，孩子走出高消费的误区就不难了。

第二，定期举行家庭财务会议。

父母可以在家中定期举行家庭财务方面的例会，一家人共同商讨家庭财务问题。在举行例会的时候，父母可以给孩子提前准备一个笔记本，以方便他记录其中的重要信息。

在商讨问题的过程中，每个人都要保持开放的态度，一些重要的家庭决策，如搬家、装修等，也可以让孩子参与讨论，这有助于提高孩子的统筹安排能力，还能提高孩子的积极性，挖掘孩子的理财潜能，为家庭理财做出贡献。

第三，引导孩子建立财务清单。

理财的重要行为之一就是建立财务清单。举行家庭财务例会时，父母可以给孩子布置任务，即建立财务清单。这个财务清单可以做成表格形式，力求简单明了。孩子会在好奇心和责任感的驱使下，去完善财务清单内容。这个时候，父母可以适当地向孩子做一些必要的解释，让他更加了解家庭的财务收支情况，从而更好地培养孩子的理财能力，为孩子打下扎实的理财基础。

第5篇

挖掘孩子的财商潜能

影响孩子财商的因素不仅包括转变孩子的财富观念，培养孩子的理财技能和创富能力，还包括开发孩子的财商潜能。开发孩子的财商潜能，是父母培养孩子财商的重要教育内容。本部分将介绍如下内容：

第一，告诉孩子，什么是真正的富有？

第二，让孩子早日具备自立能力。

第三，要告诉孩子，诚信是积累财富的根基。

第四，如何激发孩子的财富梦想？

第五，如何让孩子懂得，机会就是财富？

第六，培养孩子的合作能力。

第25课 告诉孩子，什么是真正的富有？

什么是真正意义上的富有？外财与内财兼具，知识与信仰同重，接受与施舍并行。对孩子而言，真正的富有就是懂得奉献，学会分享。

每个人都希望自己是一个富有的人，但是富有并不一定是指很有钱。有的人钱财很多，房屋和田产很多，但是没有道德和智慧，并不算是富有的人。作为孩子的父母，我们首先要对“富有”这个概念要有一个明确的认识。

第一，外财与内财兼具。

我们有心外的财富，也要有心内的财富。

一个人纵使心外财富再多，金钱可以买到胭脂、珠宝，可是买不到气质；金钱可以买到鱼肉，可是买不到食欲；金钱可以买到床铺，可是买不到睡眠；金钱可以买书，可是买不到智慧；金钱可以买到酒肉朋友，可是买不到患难之交……所以，外财不是绝对万能的，有了外财，还要有内财。

心内的财富就是内财。正如孔子的弟子颜回所说："一箪食，一瓢饮，人不堪其忧，回也不改其乐。"颜回之所以能居陋巷而活得快乐，是因为他有心内的财富。所以，内财与外财我们都要有。

第二，知识与信仰同重。

知识是对现象、规律的总结。有的人很有智慧，很有知识，但是没有信仰，终究还是缺少了内心的财富之源。信仰与知识同等重要，因为它是知识深化的必然结果。没有信仰的人，早晚会在知识的海洋中迷失自己。

第三，接受与施舍并行。

有的人只会接受，不懂得施舍。他们总是在别人面前"哭穷"，拒绝必要的付出。其实，懂得"施舍"的人才是真正富有的人。一个真正富有的人，应该是：该接受的时候接受，该施舍的时候施舍；能给得起，也能受得起。

那么作为父母，我们如何才能让孩子明白，什么才是真正的富有呢？

我们所说的富有，所包含的并非仅仅是金钱，因为金钱多了，未必是好事，这一点不管是从历史的角度上来看，还是站在当前的立场上来讲，都是很容易看明白的。由此可见，这个"富"字，除了金钱，应该还包含更多的东西在里面。我们可以试想一下，一个很富裕的家庭，如果为富不仁，那么别说"富不过三代"，能"富一

代”都很难。相反，一个家庭，即使现在还不算富裕，甚至还很贫穷，但如果一家人同心同德，努力进取，那么总有一天，这个家庭会富裕起来。所以，父母送给孩子最大的财富，其实不是金钱，也不是安逸的生活，而是德行、能力、智慧等这些内在的综合素质。孩子拥有这些东西，才是真正意义上的富有。

“咱们家有钱吗？”不知有多少父母遇到过孩子问的这个问题。作为父母，我们应该怎么回答这个问题呢？我们先来看下面的故事。

有一天，八岁的女儿放学回家，就问妈妈：“妈妈，咱们家有钱吗？”

妈妈一听，一时没有反应过来，但她还是说了实话：“咱们家没有钱。”

女儿又问：“哦，那咱们家是不是很穷呢？”

妈妈很肯定地回答：“咱们家一点儿都不穷。”

女儿听了，似懂非懂地点点头，没有再往下问。

到冬天的时候，他们家所在的小区发起“冬季捐寒衣”的活动。那天晚上，妈妈打开衣柜，拿出一些平时不怎么穿的衣服，开始整理起来。女儿看见了，便走过来问妈妈：“妈妈，这些衣服要送给谁呢？”

妈妈说：“要送给穷人。”

女儿又问：“为什么要送给他们？”

妈妈说：“因为现在天越来越冷了，他们没有寒衣，过不了冬啊！”

女儿听了，点点头，这一次她明白妈妈的意思了。过了一会儿，她也拿来一件小棉衣、一条围巾和一顶帽子交给妈妈，说要捐给穷人。妈妈看到女儿这么懂事，正想表扬她几句，女儿又一把拉着爸爸的手，用央求的语气对爸爸说："爸爸，求您了，把您的这件棉衣也送给穷人吧！"

听了女儿的话，爸爸妈妈的心都为之一震。虽然知道女儿一直富有同情心，却从未想过她能将自己需要的东西送给别人……

第二天早上，当妈妈把女儿送到学校门口，看着女儿背着那个小小的书包一蹦一跳地走进校门时，妈妈的眼睛渐渐地湿润了。因为妈妈知道，女儿比她更富有！

有人说"人性本善"，也有人说"人性本恶"，还有人说"人性本无"，但我们读完这个小故事后，却分明看到了人性中最善良、最闪光和最本真的一面。故事中的小姑娘，她可能并不懂得什么叫贫穷，什么叫富有，但是从她所做的一切中，我们却真切地看到了她那颗小小的心中，已经拥有了这个世上最珍贵的财富。

很多东西，人们拥有时不觉得珍贵，一旦失去就会后悔莫及，比如健康、友谊、信任等。

我们再来阅读下面的故事，也许会对"富有"这个概念有一个全新的认识。

费列姆是一个忧郁的年轻人。一天，拉比在河边遇见了费列姆。费列姆愁眉苦脸的样子让拉比感到好奇，于是拉比问道："孩子，你为何如此闷闷不乐呢？"

费列姆看了一眼拉比，叹气道："我是一个名副其实的穷光蛋——没有房子，没有工作，没有收入，每天饥一顿饱一顿地生活。像我这样的人，您说我怎么能高兴得起来呢？"

拉比笑道："傻孩子，其实你一点儿都不穷，你应该开怀大笑才对呀！"

"为什么说我不穷呢？"费列姆不解地问。

"因为你是一个百万富翁！"拉比诡秘地说。

"百万富翁？这根本不可能。您别拿我这穷光蛋开玩笑了。"费列姆有点儿不高兴了，转身要走。

"既然你不相信，那好，孩子，你现在能回答我几个问题吗？"

"什么问题？您说吧。"费列姆有点好奇。

"现在我出20万金币，买走你的健康，你愿意吗？"拉比问道。

"不愿意。"费列姆使劲地摇头，说道。

"如果我再出20万金币，买走你的青春，让你从此以后变成一个小老头，你会答应吗？"拉比接着问他。

"不愿意！"费列姆干脆地回答。

"那我再出20万金币，买走你的面容，让你从此变成一个丑八怪，你能愿意吗？"拉比继续问道。

"不愿意！"费列姆拼命地摇着头，说道。

"假如，我再出20万金币，买走你的智慧，让你从此平平庸庸地度过一生，你愿意吗？"拉比接着问他。

“不愿意！”费列姆说完，准备扭头离开。

“别着急，请你回答完我最后一个问题：假如现在我再出20万金币，让你去杀人放火，让你从此失去良心，你愿意吗?”拉比最后问他。

“我不愿意！”费列姆愤愤地回答道。

“好了，刚才我出了100万金币了，仍然买不走你身上的任何东西，你说你不是百万富翁，那你又是什么呢?”拉比微笑着对他说。

这时，费列姆才恍然大悟。

从此以后，他不再叹息，不再忧郁，不再自暴自弃，而是微笑着开始了他的新生活。

从上面的故事中我们明白这样一个道理，那就是：自己拥有的，才是宝贵的。每个人都要看到自己所拥有的，而不是只看到自己没有的。

实际上，在大自然的眼里，没有哪一个人是真正富有的，只有天地才是真正的富有。因为天地创造了万物，养育了万物，却从不占为己有，而是无私地把一切奉献给了人类。由此可见，只有奉献才会拥有。越懂得付出的人，会越来越富有。越想得到更多的人，会越来越贫穷。作为父母，我们要是能够把这些思想传输给孩子，那么它对孩子一生的影响将是至关重要的。因为，当孩子知道什么是真正的富有之后，他就不会因为自己在物质上的富足而骄傲，也不会因为自己在物质上的贫乏而自卑。而当孩子在财富面前显得不卑不亢的时候，也将是他的人格得到不断提升的时候。

第26课 让孩子早日具备自立能力

自立就是自我独立，自己完成自己的事情。自立是孩子成才的基础，也是培养财商的重要内容。父母要帮助孩子克服依赖心理，给孩子提供各种机会，鼓励他去尝试，去探索。

有一次，我在网上看到这样一则新闻报道：一个在青岛上大学的学生想吃妈妈亲手包的馄饨，为了满足孩子的愿望，这位妈妈头一天晚上包好馄饨，早晨煮好了，然后赶乘早班飞机，从福州飞到青岛，把煮好的馄饨送到了儿子的宿舍内。保温瓶里的馄饨还是热乎乎的。这个学生自己说，他想吃什么，妈妈就给他做什么。此外，从小学到高中，十二年间他从来没有洗过衣服。

看完这则报道，我不由为这个“幸福”的孩子感到悲哀，因为不能自立的孩子是无法在这个社会中立足的。作为父母，我们应该理性地教育孩子，而不是把他捧到天上，再眼睁睁地看着他掉下来，摔得遍体鳞伤。

什么是自立？自立指自我独立，即自己的事情自己做，不靠别人只靠自己完成要做的事情。著名教育家陶行知写过一首《自立歌》：“滴自己的汗，吃自己的饭，自己的事自己干，靠人靠天靠祖上，不算是好汉！”可以说，这首小诗用最通俗易懂的语言对“自立”做了最精辟的解释。

培养孩子的自立能力，就是要让孩子具备自己独立做事情的能力。父母要让孩子学会依靠自己，挣自己的钱，吃自己的饭。在这一方面，李嘉诚给今天的父母做出了很好的榜样。

在李泽钜和李泽楷很小的时候，父亲李嘉诚就教育他们不要依靠父母生活，而应该依靠自己的努力，通过刻苦学习为以后的事业打下坚实的基础，只有这样，才能真正练就一身立足于社会的高超本领。

从两个孩子上小学开始，李嘉诚就带着他们两个人一起挤电车。为此，很多人对他的做法感到奇怪，于是李嘉诚温和地跟他们解释：“在电车上能接触到许多不同职业、不同阶层的人，从他们身上可以看到从业者的艰辛，可以看到平民大众的生活。只有经常与他们在一起，才能体会到任何东西都是来之不易的，这些都是孩子们坐在私家车上无法得到的。”

此外，李嘉诚也很少给他们零花钱，并鼓励他们通过自己的劳动去赚钱。兄弟俩也没有辜负父亲的期望，他们通过勤工俭学的方式完成了大学学业。

正是李嘉诚的“冷酷无情”，把孩子逼上了自立之路，造就了他们果敢坚毅、不屈不挠的性格。在父亲的教育下，李嘉诚的两个儿子长大后都成了商业巨子。我们完全有理由相信，兄弟俩从父亲那里得到的确实是一笔无价的财富——自立。因为有了它，他们的人生才变得更有价值，更有意义。

李嘉诚的教子经验值得我们每个人学习。但是作为普通人，晨晨妈也是我们学习的榜样。晨晨妈跟我们讲述了她的“育儿经”。

回顾晨晨的成长历程，作为孩子的妈妈，我是比较注重培养他的自立能力，总是引导孩子做他力所能及的事情。例如，孩子走路跌倒了，我会鼓励他自己爬起来继续走；三岁时，他就学会自己刷牙了，并持之以恒地坚持了下来；他每次玩过玩具自己都会整理好，并保持屋子干净整洁；他会经常帮我做家务，比如擦桌子、扫地、洗杯子等，他总是乐颠颠地跑去做……渐渐地，晨晨的自立意识越来越强，我也越来越省心了。

孩子四岁多时，我就动员他分房睡。我还特意给他买了漂亮的小床和书桌，书架上摆满了可爱的饰品和故事书，晨晨很快就爱上了自己那个温馨的卧室，不再整天赖着我了。

上小学了，为了让晨晨尽快适应学校的生活，全家人都制订了有规律的作息时间表。每天晚饭后，晨晨爸会静静地坐在沙发上读报，我则轻轻地做家务，晨晨也会自觉地走到书桌前，独立做功课，阅读书籍。在适当的时候，我们会走来鼓励他，引导他多动脑筋，自己解决问题。一学期下来，晨晨养成了自主学习的好习惯，已经不需要我们去操心了。

最近，晨晨又对理财发生了浓厚的兴趣。过年的压岁钱，他都收进了自己的小金库，并大大方方地请全家人吃了团圆饭。他亲自到收银台付款，颇有当家人的风范。不过平时他可是最抠门的了，经常劝我不要乱花钱。

听着晨晨妈给我们讲述的关于晨晨的故事，我们得到的启发非常深刻。自立的孩子最可爱。让孩子从小学会自立自强，磕磕碰碰地走自己的路，也许不是一件容易的事，但是，孩子长大后却能在社会中独立面对困难，自强不息，活出自己的本色。

父母在培养孩子的自立能力时，以下建议可供参考。

第一，帮孩子克服依赖心理。

依赖心理是一种消极的心理状态，会影响孩子独立人格的发展，制约孩子自主性和创造力的发挥，从而阻碍其自立能力的提高。所以，父母一定要帮孩子克服他的依赖性。父母要让孩子明白，父母不能跟他一辈子，他自己一定要学会自立，学会独立生活。孩子只有摆脱依赖性，抛弃“拐杖”，自主自立，才能走向成功。培养孩子的自立能力，首先要帮助孩子克服依赖心理，否则，孩子就会在人生路上失去很多机会。

第二，要给孩子更多的机会去尝试，让他吃些苦头。

孩子的成长需要机会去磨炼，因此父母要给孩子提供更多的机会，让他自己去尝试，允许他失败。如果父母总是认为孩子还小，什么事情都不懂，什么也不会做，替孩子做这做那，那么孩子可能就因此失去成长的机会。

父母要让孩子吃些苦头，受一些磨难，这是为了磨砺他的意志，陶冶他的情操，丰富他的阅历，这样更有利于培养他的自立能力。父母要舍得对孩子进行吃苦教育，才能让孩子真正立足于社会。

第三，适时鼓励孩子。

父母要让孩子变得自立，就应该适时鼓励孩子，让孩子在困难面前不低头，勇往直前，不卑不亢。孩子在开始独立做事的时候，即使结果不太完美，出现一些失误，父母也应该鼓励他，否则孩子就会丧失自信心，产生自卑感。当然，父母还可以鼓励孩子做一些从未尝试过的事情，多接触外面的世界。

孩子在自立方面取得了进步，父母要及时肯定和鼓励孩子，让孩子对自己的行为有信心。这样孩子才能一如既往地按照要求去做，形成孩子自立与父母鼓励的良性循环，进而让孩子真正做到自立。

第27课

告诉孩子，诚信是积累财富的根基

如果人生是一列疾驰的列车，那么诚信就是必不可少的轨道；如果人生是一次航行中的大船，诚信便是必不可少的舵手；如果人生是一次旅行，那么诚信就是必不可少的地图，它将始终随你前行，指引方向。

美国成功学家罗赛尔·赛奇曾经说过这样一句话："坚守信用是成功的关键。"是的，人无信不立。所以，父母要让孩子明白，一个人如果不讲信用，那就等于在拿自己的诚信作典当，无异于杀鸡取卵。

对个人而言，诚信是一种优秀的品质，是一个人安身立命的根本。如果一个人能做到诚实守信，往往可以厚德载物，获利丰厚。除此之外，他还能赢得其他的东西，比如人们的认同感和敬佩之情。

托马斯是一个生意人，有一次因为未能及时收回外债，资金周转出了问题，他便向友人借了40万美元。他既没有财产可作担保，又没有存单可供抵押，只给友人留下一句话："相信我，今年年底无论如何我都会还给你。"

转眼之间就到了年底，托马斯的资金周转状况依然没有得到好转，不仅外债没能收回来，而且还款时间又临近了。为了还朋友这40万美元，他绞尽脑汁才筹到20万美元，余下的20万美元让他一筹莫展。

老婆看到他眉头紧锁，心疼地劝他向朋友求情，宽限两个月，托马斯却坚定地摇头。公司里的"高参"给他出主意说："反正你的朋友也不急于用钱，不如先还20万美元现金，其余的开一张空头支票，等账户上有钱了再支付给他。"托马斯勃然大怒，呵斥这位"高参"是不讲信用的人，并毫不犹豫地辞退了他。

最后托马斯决定用自家的房产作为抵押去银行贷款，但银行工作人员经过评估后认为，房产价值24万美元，只能按18万美元进行抵押。托马斯横下一条心，与老婆郑重商量后，把房产以20万美元的低价卖了出去，最后终于筹齐了40万美元。他们一家人则到郊区租了一间平房居住。

朋友如期收回了借款。

星期天，朋友准备约一帮人到托马斯家去玩，却被他委婉地拒绝了。朋友不明白平日热情如火的托马斯为什么突然变得如此"小气"，便驱车想去问个究竟。

当朋友费尽周折才在一间平房里找到托马斯时，他的眼眶湿润了。他紧紧地抱住托马斯，一个劲儿地点头。临别时，他郑重地留下一句话："以后有困难尽管找我！"

第二年，托马斯的外债陆续收回，生意逐渐步入正轨，他又买了新房，添了新车。

然而，充满竞争的生意场总是弥漫着你争我夺的火药味，正当托马斯在生意场上大展拳脚时，他却被一家跨国公司盯上了。那家公司千方百计地抢占市场，并联合其他公司骗取他的货款。托马斯最终没能抵挡住那家公司的冲击而垮了下来，车子卖了，房子也抵押了。

他破产了，不仅一无所有，而且负债累累。

托马斯想重新振作起来，但是身无分文。他想贷款，却没有担保人和抵押物。在走投无路的时候，他又想起那位曾经借钱给他的朋友，他抱着试一试的心理找到了那位朋友。朋友不仅没有嫌弃他，而且不顾家人的反对毅然决定再借给他40万美元。他拿着那张40万美元的支票，坚定地说："最多两年，我一定还你！"

曾经失败过的托马斯再到商海里搏击，自然会小心谨慎，遇乱不惊。经过再一次努力，他最后成功了。两年后，他不仅还清了债务，而且还赚了一大笔钱。

每当有人问他靠什么起死回生时，他便会郑重地告诉对方："是诚信！"

托马斯的故事说明了这样一个道理：一个人想要赢得他人的信任，不能光说不做，而要身体力行，一点一滴地去积累诚信。确实，诚信本身就是一笔财富，它是一笔无形资产。没有诚信的人，不但丢弃了人格，而且丢弃了赚取财富的门路。因为，失去诚信，就等于失去了谈生意的筹码。

我们再来看看一个讲诚信的小男孩的故事。

十八世纪，英国有一位很富有的绅士，他叫安迪。一天深夜，安迪走在回家的路上，被一个蓬头垢面、衣衫褴褛的小男孩拦住了。

“先生，请您买一包火柴吧！”小男孩说道。

“我不买。”安迪回答，躲开小男孩继续往前走。

“先生，请您买一包吧，我今天还什么东西也没有吃呢！”小男孩追上来对他说道。

安迪躲不开他，便对他说：“可是我没有零钱呀！”

“先生，你先拿上火柴，我去给你换零钱。”小男孩说完，就拿着安迪给的一个英镑快步跑了。

安迪等了很久，小男孩仍然没有回来。安迪无奈地回家了。

第二天，安迪正在自己的办公室工作时，助理进来报告说来了一个小男孩，要求面见他。于是小男孩被叫了进来，这个小男孩比卖火柴的小男孩矮了一些，穿得也很破烂。他一看到安迪，就说：“先生，对不起，我的哥哥让我把零钱给您送来。”

"你的哥哥呢？"安迪惊异地问。

"我的哥哥在换完零钱回来的路上被马车撞了，现在还在家里躺着呢！"小男孩说。

安迪被小男孩的诚信深深地感动了，他没有接下钱，而是说："走，我们去看你的哥哥！"

安迪到了小男孩的家里一看，发现只有他的继母在照顾他。小男孩一见安迪，便连忙说："对不起，我没有按时把零钱给您送回去，我失信了！"

安迪并没有责怪他，而是再一次被男孩的诚信所感动。当安迪了解到两个小男孩的亲生父母已经双亡时，便毅然决定把他们生活所需要的一切都承担起来。

这位绅士被小男孩的诚信深深地感动了，因此他向小男孩一家伸出了援助之手，决定把他们的生活需要负担起来。这就是诚信的力量。

诚信，说得通俗些，就是言行一致，心口合一。讲诚信的人总是能够坦坦荡荡地将自己真实的一面展现给世人，因此诚信之人总是能够得到大家的信任。

对于诚信，有人做过这样生动的比喻：如果人生是一列疾驰的列车，那么诚信就是必不可少的轨道；如果人生是一次航行中的大船，诚信便是必不可少的舵手；如果人生是一次旅行，那么诚信就是必不可少的地图，它将始终随你前行，指引方向。

父母要让孩子明白这样一个道理：诚信是一种无形的资产，能间接地产生物质财富。可以说，一个人只要坚守诚信，他就永远不

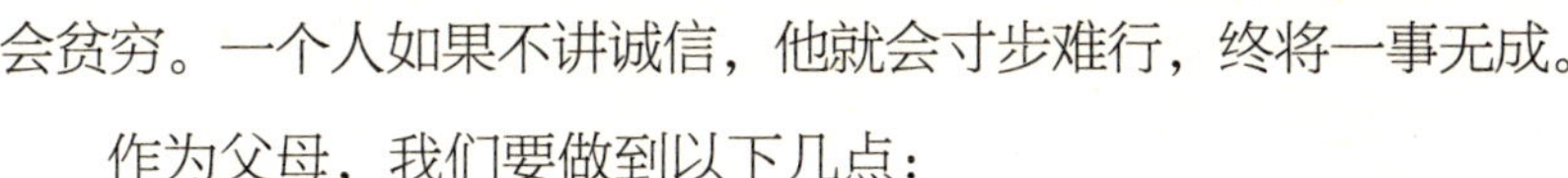

会贫穷。一个人如果不讲诚信，他就会寸步难行，终将一事无成。

作为父母，我们要做到以下几点：

第一，让孩子信守承诺，及时肯定孩子。

实现诺言是一种信义，而信义是做人的根基。古人有“一诺千金”的说法，这是非常正确的。孩子许下的诺言，自己要竭尽全力去兑现。当孩子按照诚信要求做事情时，父母应该及时给予肯定和表扬，并为他的诚信行为而高兴。

第二，教会孩子不要轻易许诺。

父母要让孩子学会理智地判断事物，明辨是非，不要为了所谓的面子而答应别人去做自己做不到的事情。或许孩子认为，向别人许诺是出于乐于助人的好心，但是父母要让他明白，万一自己不能办到，不仅会给别人带来伤害，还会使自己的信誉受到影响。

第三，教育孩子要讲诚信但不迂腐。

父母要告诉孩子，讲诚信是必要的，但有时候要灵活应对。在一些特殊的场合，人们往往会说一些善意的谎言，避免过分坚持诚信而伤人伤己。比如说，有人因为重病入院，家人为了不让孩子伤心，就会刻意隐瞒病情。

诚信，是每个人必备的品质之一。而且，不管社会如何发展，也不管人们处在什么样的年代，诚信永远都不会过时。尤其是今天，诚信更是人生的旅途上一张可靠的通行证。可以说，一个有诚信的人，无论走到哪里，都会受到热情的接待；而没有诚信的人，则往往举步维艰，更别说畅行天下了。

由此可见，诚信是人际交往中至关重要的桥梁和纽带。而事实也早已告诉我们，大家都喜欢诚信的人，并且愿意和他们交往。所以，作为父母，我们一定要让孩子从小就明白诚信的重要性，并让孩子从小学会做一个讲诚信的人，而不是一个只知道往钱眼里钻、见利忘义的人。

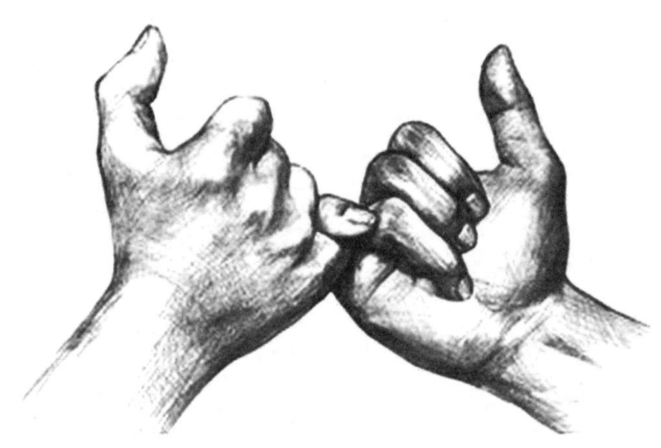

第 28 课
激发孩子的财富梦想

孩子敢于梦想，他的天地才会广阔，他的人生才会充满无限希望。孩子一旦拥有了梦想，就会在心中产生一种内在的驱动力，让自己成为追求梦想的使者。

梦想是什么？它是引爆生命潜能的导火线，是财富人生的指南针。事实证明，人们的任何一次成功，都是从梦想开始的，这个梦想当然也包括拥有财富。梦想有多大，舞台就有多大，人就能走多远。所以，人的一生能走多远，很大程度上取决于梦想有多大。

多彩的梦想是孩子的宝贵财富。每一个孩子都有自己的梦想，爱梦想也是孩子的天性。孩子敢于梦想，他的天地才会变得更加广阔。一旦孩子拥有了梦想，他就会在心中产生一种内在的驱动力。父母一定要让孩子展开梦想的翅膀，让他在想象的天空中自由飞翔。

法国作家巴尔扎克曾经说过："没有伟大的愿望，就没有伟大的天才。”这种伟大的愿望就是梦想。一个人只有点燃了心中的梦想，才能忍受人生的各种挫折，并成功获得财富，闻名四方。

下面是一个关于两个琴手的不同命运的故事，足以说明梦想的价值和意义。

有一个年轻人，非常热爱音乐，如痴如醉。他钢琴、笛子样样行，小提琴拉得尤其好。他刚移民到英国时，身无分文。为了解决生存问题，他只好与一位黑人琴手结伴在一家商业银行门口卖艺赚钱。由于那家银行每天进进出出的人很多，他们的琴拉得又好，所以他们的“生意”还算不错。

过了一段时间，年轻人就“赚”到了不少钱。有一天，他对那位黑人琴手说：“老兄，我要走了，因为我一直希望自己能到大学进修，我想以后成为一名首席小提琴手，那也是我妈妈对我的期望，我要努力实现它。”

此后，年轻人将全部的精力都投入到提高音乐素养和琴艺上。他遇到困难从不退缩，决不放弃。即使在最艰苦的日子里，他也没有后悔自己的选择，咬牙挺过去了。

十年后，当年的那位年轻人偶然路过那家银行，发现黑人琴手仍在那儿拉琴。黑人琴手再次见到他，显得非常高兴，问道：“老兄啊，现在你在哪里拉琴啊？”

他说了一个著名音乐厅的名字，黑人琴手点点头，说：“嗯，不错，那家音乐厅的门前也是一个‘赚钱’的好地方。”

黑人琴手哪里知道，他的伙伴十年前成了剑桥大学音乐系的一名学生，在一位具有很高声誉的音乐家的指导下勤学苦练，深得那位音乐家的赏识。而如今，他已经是一位国际知名的音乐家了，他是被那家著名的音乐厅邀请来演奏的。

十年前，这两个人的境遇是一样的；十年后，他们之间却有了如此大的差距。黑人琴手未必不优秀，但是他一直都满足于街头卖唱这个职业。也许，他从来没有想过要通过自己的努力成为音乐家。

梦想有多大，舞台就有多大。所以，父母要让孩子懂得：要想战胜困难，牵手财富，就要做到心中有梦想。梦想能让自己获得信心和勇气，也能让自己拥有前进的动力，在任何时候都不会害怕失败。孩子只要有梦想，并坚持努力，总有一天，梦想会成为美好的现实。

作为父母，我们应该知道，只要孩子心中的那盏梦想之灯不熄灭，一切的困难和挫折都是暂时的。儿童心理学家认为，梦想是孩子自我形象的理想化。面对孩子发自内心的纯洁而美好的愿望，父母不但有责任给孩子热烈的回应，更有责任帮助孩子实现梦想。

父母要做到以下几点：

第一，要让孩子懂得如何坚持梦想。

无论面对什么样的困难，我们都不能轻言放弃，而要鼓励孩子永远不要放弃梦想，要敢于追求自己的梦想。因为没有梦想的人生，是可悲的人生。

父母要让孩子记住："梦想是世界上最有价值的珍宝，它将带领你勇敢面对任何困难；无论怎样，你都要珍视自己的梦想，坚持自己的梦想。"

第二，让孩子学会追求梦想。

父母鼓励孩子追求梦想，孩子就会产生强劲的内在驱动力量。他在面对各种困难时，也会主动想办法去克服。孩子在追梦的过程中，父母应给予多方面的关注和支持。比如：父母可以与孩子共同探讨、研究追求梦想的必要条件以及达成梦想的方法；父母要经常与孩子一起温习他的梦想，感受梦想；父母可以帮助孩子寻找梦想中的偶像，与孩子一起讨论偶像的成长史，让偶像在孩子心中生根发芽。父母还要为孩子的追梦计划提供建议，在孩子怀疑梦想的时候给予鼓励和支持。

第三，要培养和保护孩子的想象力。

想象是人们对已有的记忆信息进行加工、改造而创造新形象的过程。想象往往蕴藏着某些创造性的思维。父母知道，善于想象是孩子的天性，培养和保护孩子的想象力要付诸实际行动。比如，父母应该为孩子多创设一些情境，在活动中使孩子的想象力得到发挥。父母在给孩子讲故事时，不要一口气讲完，而应该引导孩子发挥想象，让孩子自己补充故事的结尾。

以下是我跟儿子乐乐关于财富梦想的对话。

“妈妈，我想要一辆奥迪Q5！”乐乐从四岁时就钟情于奥迪Q5的车型。

我鼓励道：“嗯，车不错。等你长大了也买一辆吧！到时候别忘了带妈妈去兜风哦！”

乐乐问：“妈妈，这个车多少钱？”

“50万吧！”我回答。

“我现在有多少存款了？”乐乐感觉自己攒了三年的压岁钱应该有不少了。

我拿出乐乐的小存折跟他一起看，并说道：“很不错嘛，已经有16 000元了！”

“还差好多啊！”乐乐有些失望。

“是的，指望别人给你钱，自己不劳而获肯定凑不出来那么多钱。你想，一年只有五千多，你需要攒一百年才能买车呢！”我解释道。

“一百年？我都进天堂了！再说，那时候爷爷、奶奶、姥姥、姥爷早就不给我压岁钱了！”乐乐此刻陷入了沉思。

“所以说，你现在要自己努力学习本领，长大了才能努力工作，赚更多的钱啊！靠别人总是不稳定的。”

“嗯，等我长大了，我还想买一条狗，去一趟迪士尼，还想给爸爸、妈妈、姥姥、姥爷等所有爱我的人买礼物……”乐乐展开了想象，一一描述着。

“你有这么多梦想，真棒！妈妈帮你记下来，咱们一起列一个梦想计划表。你现在努力学习，等你长大了就可以慢慢地实现这些梦想了！”我不停地鼓励着他，为他拥有这样的梦想而骄傲。

这样的事情我想很多父母都应该碰到过吧！我遇到这样的情况，一般都会采取以下措施：

第一，要让孩子的财富梦想有计划，分步骤，可实现。

我会拿出本子和乐乐一起规划：左侧一列是乐乐的梦想，中间一列是所需要创造的梦想的财富值，右侧一列是实现梦想的时间。

我问乐乐：“咱们是按梦想实现的难易程度，也就是财富值大小排列，还是按照你喜欢的程度来排列？”

乐乐稍加思索，说道：“按钱的多少吧！这样我以后工作赚一笔钱就可以实现一个梦想，很有成就感！”

每个孩子的心底都有一份关于财富的梦想，也许孩子的梦想因为年龄所限不够具体，或者随时在变化，比较随性，更有可能一时兴起让我们觉得荒谬，但是我们不能否定它的存在，更不应该讥讽他那幼稚的表现。也许我们一个不经意的赞许，一个有计划的引导，就可以调动孩子奋斗的热情，让他的梦想扎根、成长。

第二，帮孩子正视财富梦想，找到实现梦想的途径。

有一次，小男孩轩轩跟他的妈妈说：“等我长大了也要赚很多很多钱！我也要去欧洲旅游，买很多零食，谁都不给……”他的妈妈

笑话他说："轩轩就是财迷，这么小就知道拜金！"

轩轩妈的做法并不好。其实孩子的梦想涉及金钱是很正常的，父母没有必要去训斥孩子拜金，或者扼杀他对财富的追求。每个人都有做梦的权利，如果他对财富有兴趣，父母就应该支持他，帮他正视自己的财富梦想，为他指明创造财富、实现梦想的方向，让他用积极的心态去追逐自己的梦想。父母要提醒他："实现梦想不是空谈，是需要坚持不懈的努力与必不可少的机遇；实现梦想的路途漫长，你不要因为急于求成要小聪明，或者走旁门左道迷失了自己，正所谓'君子爱财取之有道'，你要用合理的方法追求财富。"

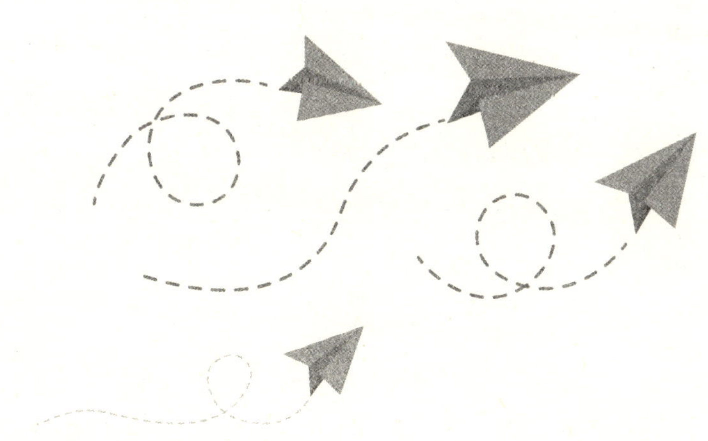

第29课

要让孩子懂得，机会就是财富

机会偏爱谁？是给有准备的人。那要准备什么呢？就是拥有把握机会的能力。大人如此，孩子也不例外。

西方国家有一句这样的谚语："机会老人先给你送上他的头发，当你没有抓住后悔时，却只能摸到他的秃头了。或者说他先给你一个可以抓的瓶颈，你不及时抓住，就再也抓不住瓶身了。"从这句谚语中，我们可以看出，在西方社会，人们往往把机会视为财富，而事实也是如此。

十九世纪中叶，有一位年轻的德国人来到了美国，当时美国本地正刮起一股"淘金热"，人们蜂拥而至，于是那位年轻的德国人也加入到淘金的队伍中去。但在淘金的过程中，他经常听到人们抱怨自己身上所穿的细布衣服一点儿也不耐磨，还没穿几天就破了。这个年轻人灵机一动，便开起了一间制衣厂，以做帐篷的厚帆布为材料，做成耐磨的牛仔裤。

出乎意料的是，这种裤子刚刚推出来，便深受淘金者们的欢

迎，大家互相转告，纷纷前来抢购。当然，那位年轻人大赚了一笔。后来，他又扩大了生产规模，将产品推向了更广阔的市场，直至风靡整个世界。

这位年轻人就是“牛仔裤”的发明人——利惠·史特劳斯。

当很多人都争先恐后地去淘金时，利惠·史特劳斯却看准了淘金者衣服不耐穿的商机，从而创造出了巨大的财富。

在今天这个信息化的社会中，无论是成年人，还是孩子，都有着同等的创造财富的机会。

刚上高一的美玲，从小就喜欢布偶。与其他孩子不同，美玲对买回来的布偶，都会进行装饰，比如：弄个蝴蝶结，梳个朝天辫，缝上个小布兜，等等。美玲上学后，仍然喜欢摆弄这些东西，于是父母便和她“约法三章”：第一，限制她买布偶的数量；第二，只有周末才能侍弄这些东西；第三，要保持房间整齐、清洁。对此，美玲都尽力做到了。

有一次，美玲参加歌舞比赛时，得知一位学姐穿的小裙子是从网上淘来的，于是她心生灵感，想在网上开个淘宝店，专门卖那些经过自己“加工”过的布偶。开始时，她先把自己装饰的布偶拍成照片，放到博客与论坛上，接着便有很多网友留言，问她从哪里买的，有的人还要与她换布偶。

持续一段时间后，美玲发现，自己装饰的布偶，还有自己亲自绣的十字绣，都很受大家青睐。于是，她便从网上下载怎样开网店的视频，然后开了一家淘宝店，将自己积攒的布偶都上了架。美玲把这件事也告诉了父母，没想到父母也很支持她，觉得这对她是一种很好地锻炼。于是，美玲又开辟了一个专门换物的格子间，深受网友们的喜爱，小店的人气也随之剧增。

小小的布偶玩具，带来了无限的商机，让美玲不仅赚到了钱，而且还学到了很多知识。所以，可以这样说，生活就是财富的天堂，也是赢得财富的课堂。而生活中的机会，更是随处可见。只要我们稍微用一点儿心，就不愁找不到机会。

当然了，当机会来临的时候，我们能不能引导孩子抓住眼前的机会，也要看孩子自身的能力。可以说，孩子的能力越强，或掌握的技能越多，他的机会就越多。所以，父母要多注意培养孩子，让孩子掌握更多的技能。

或许很多父母又会有这样的疑问，培养孩子的技能，是不是也要根据孩子的兴趣和爱好呢？从理论上讲，当然是这样的。但是我们也应该知道，孩子的兴趣和爱好也是需要培养的。因此，更多的时候，我们应该少问孩子喜欢做什么，而要多问问孩子应该做什么。因为很多东西，别说是孩子，就是大人也未必就喜欢，但为了实现某个目标，我们又不得不去做。

比如，就拿培养孩子学习英语来说，有几个孩子会主动学英语的呢？但没有办法，为了孩子能与世界真正地融合起来，我们就必须让他学英语，培养他在这方面的爱好。

新东方学校的创始人俞敏洪就曾感慨地说："在登山的时候，你会在乎登山杖自己喜欢不喜欢吗？不会，你只会在乎它能否帮你登上山顶。那么，英语就是我的登山杖，尽管我不是特别喜欢，

但我知道我要想攀上更高的山峰就需要这个登山杖。”所以，说穿了，曾经让很多人望而生畏的英语，只不过是一个“登山杖”罢了。然而，很多人尽管不喜欢它，但为了能够登上世界的顶峰，只好想办法去掌握它。

机会来了，我们一定要抓住，才能有效地创造财富。但在机会来临之前，我们需要做的，就是拥有把握机会的能力。大人如此，孩子也不例外。只要孩子具备了这种能力，即使机会并没有如期到来，孩子同样也可以通过自己的努力去创造更多的机会，赢得更多的财富。

第30课
培养孩子的合作能力

现代社会，合作则存，不合作则亡。是否具备合作能力，是人们获得财富、取得成功的重要通道。父母要从小培养孩子的合作能力，以便他长大后能尽早地适应社会。

合作是人与人交往过程中不可避免的、必然发生的一种现象。是否具备合作精神，是任何时代评判人才的重要标准。只有具备了合作精神，一个人才有可能更容易获得财富。我们先来看下面这个非常经典的故事。

从前，有两个饥饿的人得到了一位长者的恩赐：一根鱼竿和一篓鲜活、硕大的鱼，长者让他们各选一样。

其中的一个人想："如果我得到那篓鱼，我的肚子就不会饿了。不错不错，今朝有酒今朝醉……"于是他要了那篓鲜活、硕大的鱼。

另一个人心想："如果我得到了那个鱼竿，想钓多少

鱼就钓多少鱼，这辈子我都不会挨饿了。不错不错，要懂得细水长流嘛……”于是他要了那根鱼竿。

他们拿到了各自需要的东西后，就分道扬镳了。

得到鱼的那个人立刻在原地用干柴搭起篝火烤起了鱼。他真是饿坏了，只见他狼吞虎咽，还没有品出鲜鱼的肉香，就吃了个精光。他高兴极了，想手舞足蹈地庆祝一番，可是撑得动弹不得，只好躺在地上呼呼地睡大觉。暖暖的阳光洒在身上，他舒舒服服地睡了一觉，别提有多开心了。可是，好景不长，他才睡了一个晚上就隐隐地感觉肚子有点饿了。

“没关系，就是有一点点饿，我吃了那么多呢，先歇一歇，养足了精神，等我睡醒了就出去找东西吃。”他这么想着，翻个身又睡着了。

不久，他又被饿醒了。“哎呀，我好像还没有休息好呢，没事没事，我再睡一会儿吧，我现在没有力气出去找吃的啊。”就这样，每次醒过来的时候，他都这样自言自语。

没过几天，他就饿死在了空空的鱼篓旁。

拿到鱼竿的那人心里想着：“忍一忍，再忍一忍，现在饿一点儿没有关系，等我到了海边，想钓多少鱼就钓多少鱼，那么我一辈子都不会再挨饿了。”就这样，他提着鱼竿继续忍饥挨饿，一步步艰难地向海边走去。每一次饿得走不动的时候，他就停下来休息一下，再继续上路。

几天以后，他终于看到那片蔚蓝色的海洋了，就在不远的地方，他可以清晰地听见海浪拍岸的声音。他特别高兴，拿出最后的那点力气向海边走去。可是，他全身的最后一点儿力气也使完了，只能眼巴巴地带着无尽的遗憾撒手人间。

又有两个饥饿的人，他们同样得到了长者恩赐的一根鱼竿和一篓鱼。但是他们并没有各奔东西，而是商定共同去找寻大海。

其中的一个人说："如果我只拿了鱼竿，那么我就要饿着肚子走到海边，恐怕没等我走到那里，就已经饿死了。"

另一个人说："如果我只拿了这篓鲜活、硕大的鱼，等我吃完了，也就只能眼巴巴地等死了，因为我根本没有工具可以钓鱼吃啊。"

于是他们俩一同上路，在饿了的时候，他们烤一条鱼，一起分享，既填饱了肚子，又品味到了鱼肉的鲜香味美。两个人在路上有说有笑，经过了长途跋涉，终于来到了海边。一路上的情谊，使他们成为了好兄弟。

之后，两个人开始了捕鱼为生的日子。几年以后，他们盖起了房子，有了各自的家庭，有了自己建造的渔船。从此，他们过上了幸福的生活。

故事中，前两个饥饿的人各怀心思，结果最后都饿死了；后两个饥饿的人则选择了合作，最后他们都很好地活了下来，并过上了幸福的生活。所以我们说，合作则存，不合作则亡。

现代社会正处于知识经济时代，合作精神在竞争中越来越重要，很多工作需要通过合作才能完成。只有那些能与他人合作的

人，才能获得更大的生存空间；只有那些善于合作的人，才能赢得更大的发展。一个懂得合作的人，他参加工作后会很快适应工作岗位，并发挥积极的作用；不懂合作的人，他在生活中会遇到许多麻烦，面对更多困难，并且无所适从。

欧洲著名的心理分析家阿尔弗雷德·阿德勒曾经说过：“假使一个儿童未曾学会合作之道，他必定会走向孤僻之途，并产生牢固的自卑情绪，严重影响他一生的发展。”由此可见，让孩子学会交往与合作，是多么重要的事情啊！

合作是孩子在今后适应社会、立足社会不可缺少的重要因素。然而，当今孩子的合作现状不容乐观。现在的孩子大多数是独生子女，是家里的“小皇帝”，被一家两代甚至是三代人宠爱着，父母过度呵护与关爱。很多孩子往往以自我为中心，唯我独尊，缺乏合作意识，没有团结协作精神。这都是现在孩子在心理品质上的弱点，而通过人际交往与合作，则能够改变和矫正这种不良的心理品质。

但是，培养孩子的合作意识与能力，并非一日之功，需要父母精心的教育。只要父母在日常生活中拥有关于合作的教育意识，随时对孩子进行合作意识培养，孩子的合作精神和合作能力就一定能够得到提高。

父母可以从以下几个方面培养孩子的合作能力。

第一，首先要培养孩子的合作意识。

培养孩子的合作意识，有利于孩子在学会合作的过程中逐渐克服以自我为中心的思想，养成关心他人、协商合作的行为习惯。父母需要在孩子之间营造一种团结、友爱、互助、合作的群体氛围，增强孩子的社会适应性。

父母必须在潜移默化中培养孩子的合作意识，使他懂得：大家都是群体中的一员，是平等的；遇到矛盾或困难，只要大家齐心协力，就一定能解决它、战胜它。

同时，父母还要培养孩子关心他人、爱护他人、助人为乐的高尚情操。孩子无论在学校或在家里，都要养成这样的好品德：在家尊老爱幼，在校尊敬教师、爱护同学。因为只有关心他人、帮助他人，才能赢得他人的好感与信任，才能与他人合作。

第二，教孩子学会悦纳他人。

所谓悦纳他人，是指自己从内心深处真正地愿意接受他人。从实质上来讲，合作是双方取长补短，实现共赢的行为。合作的过程就是互相利用各自优势和资源，相互弥补各自的不足，以便共同获得更大收益的过程。在这一过程中，对别人的接纳和欣赏非常重要。因此，只有相互认识到了对方的长处，欣赏对方的长处，合作才有了真正的动力和基础。

父母可以通过故事并结合自己的言行，让孩子逐渐地明白：每个人都各有所长，各有所短。比如，一本好书就是由作者、画家和设计师通过合作之后的结晶。父母要让孩子明白：不要轻视他人的长处，也不要对自己失去信心，而要善于利用彼此的长处，从而达到共同的目标，实现双赢。为此，父母要教育孩子善于发现他人的长处，并诚心诚意地加以赞美，而不是采取“不承认主义”。父母自

己平时在工作和生活中，也应坚持用这种态度来对待他人，成为孩子的榜样。

第三，让孩子多参加一些集体活动。

孩子将来要走向社会，成为一个社会人。现代社会需要合作精神，合作是一个团体成功的根本。因此，父母要让孩子多参加一些集体活动，使孩子在集体活动中自觉地意识到自己与他人真诚合作的必要性。

孩子老是一个人独处，当然不会感受到人与人之间的互帮互助的力量和神奇之处。让孩子到集体中去，在集体交往中才能增强团体合作意识，掌握处世艺术，形成乐观、大方、宽容、团结等优秀品质。父母要让孩子走到集体中去，主动地去帮助别人。这样，孩子自己也会得到别人的帮助。

父母要鼓励孩子多参加体育运动，如踢足球、打篮球等，既有两个团队之间的对抗与竞争，又有团队内部的协调一致，非常有利于培养孩子的团队精神与竞争能力。

对不合群的孩子，父母更应该争取各种机会，让他们参与到集体活动中去。当朋友来家玩时，父母要教会孩子热情待客，并给予他们一定的尊重。

第四，让孩子感受合作的力量与快乐。

孩子在交往中逐渐学会合作后，会逐渐感受到合作的力量与快乐，进而产生合作的需要，形成积极合作的态度。所以，家长应注意引导孩子感受合作的成果，体验合作的快乐，激发孩子进一步合作的内在动力，使合作行为更加稳定化、自觉化。

在生活中，父母可以给孩子设置一些合作项目，让孩子们尽力通过合作去完成任务。如果孩子们一时没有完成任务，父母也不要责怪孩子，而是应该让孩子们明白，成功的合作不一定要达到现实的目标。虽然有些合作的结果是失败的，但是在合作过程中，参与者都尽了自己的力量，同时，每个参与者都感到非常愉悦，这就是一种成功的合作。

例如，当孩子们表现出合作行为时，父母可拿出事先准备好的照相机拍下“友好的一幕”或“合作的成果”。然后，父母通过前后两次孩子们合作的不同结果，可以问孩子们，上次为什么失败，这次是怎么成功的，引导孩子们在实践中体会合作的快乐和必要性。

父母还要对孩子们合作的结果给予恰当的肯定和激励，对合作不好的孩子给予指正和鼓励，以免让孩子对合作方产生抱怨情绪，从而打消继续与之合作的念头。

总之，成功的合作可以让孩子获得良好的体验，这种体验能够带给孩子无穷的快乐，进而培养孩子的合作意识，并让孩子有意识地与他人开展合作。

第五，教会孩子一些合作技巧。

父母要让孩子懂得一些合作的规则与技巧。人的合作意识不是天生就有的，而是在合作的过程中逐渐产生并得到强化的，而合作

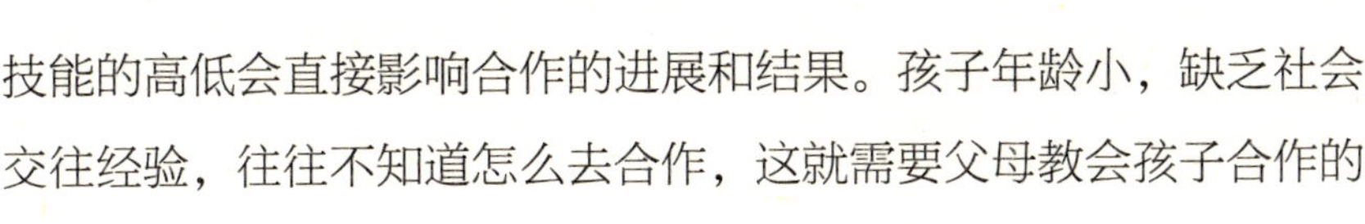

技能的高低会直接影响合作的进展和结果。孩子年龄小，缺乏社会交往经验，往往不知道怎么去合作，这就需要父母教会孩子合作的技能，指导孩子怎么去合作。

父母要让孩子懂得，在合作中既要尊重对方，服从大局，又要有自己的立场。在合作的过程中，不能唯我独尊，只想着自己，而要充分顾及他人的需求和感受，哪怕必要时做出一些让步和牺牲。比如，孩子在下棋时，往往都想赢，所以争吵、耍赖的情况时有发生，父母就可以让孩子学会如何谦让，如何遵守规则，碰到问题怎样去商量，等等。

与此同时，父母还要教育孩子不要事事唯唯诺诺，不能无原则地迁就和让步。父母要告诉孩子，要在同伴中取得尊重和信任，才能取得合作的成功。通过一次次的交往与合作，孩子慢慢就学会了合作的方法和技巧，懂得合作的重要性。

第六，为孩子树立合作的榜样。

父母在日常生活中的言行举止潜移默化地影响着孩子，他们往往会模仿父母的做法与小伙伴交往合作。因此，父母要为孩子树立一个良好的榜样。父母本身应该待人宽厚，对家庭成员，对邻居，对同事都要热情、平等、谦虚、礼貌，并能互相帮助。例如，妈妈烧饭做菜，爸爸在旁边帮着洗菜、择菜；家里搞卫生，妈妈拖地，爸爸在旁帮着整理东西……这些生动又直观的形象“教材”能在潜移默化中移入孩子的大脑，使他在与他人合作时，自觉地把父母的言行举止作为自己的榜样。

因此，父母要特别注意自身的言行，为孩子树立正面的榜样。同时，父母应注意在合作中不互相责备，能对身边的各种合作行为进行积极的评价和鼓励，从而从正面引导孩子懂得合作，学会合作。

参考文献

[1] 金珉政. 我想当富翁：帮助你学会理财的故事. 南京：江苏少年儿童出版社，2010

[2] 乐八一. 开启青少年财商的密钥. 郑州：河南文艺出版社，2014

[3] 连志超. 提高孩子财商的亲子理财书. 北京：北京理工大学出版社，2016

[4] 罗伯特·清崎. 富爸爸 孩子财商靠父母. 成都：四川文艺出版社，2014

[5] 罗新宇. 富爸爸家训：改变孩子一生的理财教育. 北京：海潮出版社，2008

[6] 卫裕峰. 决定孩子一生幸福的财商教育. 北京：中华工商联合出版社，2012

[7] 章程. 孩子的第一本理财书：让孩子一生富有的理财教育. 北京：化学工业出版社，2012

[8] 张振鹏. 财商教育：我的孩子会理财. 北京：北京工业大学出版社，2009

[9] 钟倩. 富儿学：儿童财商培养第一书. 济南：山东科学技术出版社，2015